Susi Piroué, Katja Piroué
Vom Vergnügen, mit sich selbst zu reisen

SERIE PIPER

Zu diesem Buch

Alleine unterwegs erlebten die beiden Autorinnen Susi und Katja Piroué schöne, spannende und auch ärgerliche Dinge, die einem auf Reisen widerfahren können. Das beginnt beim Glücksgefühl, einen exotischen Sonnenuntergang zu betrachten, und endet beim ungemütlichen Hotelzimmer oder der nicht immer angenehmen Begegnung mit dem anderen Geschlecht. Die beiden Piroués verraten uns auch, was es für Alleinreisende zu bedenken gibt: Unternehmungen alleine sorgfältig planen, auf still-besinnlichen Wanderungen das (aufgeladene) Handy nicht vergessen, die eigenen Kräfte nicht überschätzen. Selbst die Abende können, wenn man alleine unterwegs ist und gut plant, zum Vergnügen werden. Dieser liebevoll-heitere Ratgeber beweist, wie viel Spaß es macht, die Welt alleine zu erkunden.

Susi Piroué, geboren 1936, ist gelernte Verlagsbuchhändlerin, Verfasserin zahlreicher Koch- und Weinbücher, Lektorin und Übersetzerin. Nachdem ihre beiden Söhne erwachsen waren, lernte sie das Single-Leben neu und sammelte ihre Erfahrungen auf Urlaubs- und neuerdings auch Journalistenreisen. Sie lebt in München.

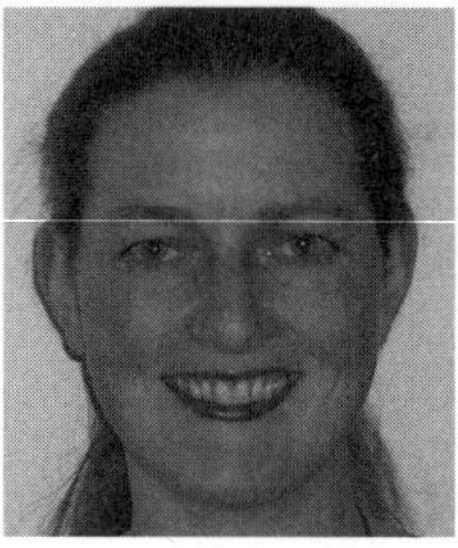

Katja Piroué, geboren 1971, Schwiegertochter von Susi Piroué, ist seit vielen Jahren sowohl beruflich als auch privat auf verschiedenen Erdteilen unterwegs. Durch ihre genaue Beobachtung und kritische Reflexion ergänzt sie die Erlebnisse als Alleinreisende aus der Sicht der jüngeren Generation. Sie lebt in Wien.

Susi Piroué, Katja Piroué

Vom Vergnügen, mit sich selbst zu reisen

Piper München Zürich

Dieses Taschenbuch wurde auf FSC-zertifiziertem Papier gedruckt. FSC (Forest Stewardship Council) ist eine nichtstaatliche, gemeinnützige Organisation, die sich für eine ökologische und sozialverantwortliche Nutzung der Wälder unserer Erde einsetzt (vgl. Logo auf der Umschlagrückseite).

Ungekürzte Taschenbuchausgabe
Piper Verlag GmbH, München
1. Auflage Juni 2007
3. Auflage November 2008

Umschlagkonzept: Büro Hamburg
Umschlaggestaltung: Birgit Kohlhaas
Umschlagfotos: Corbis / Jutta Klee
Satz: Zehetner Ges. m. b. H., Oberrohrbach
Papier: Munken Print von Arctic Paper Munkedals AB, Schweden
Druck und Bindung: CPI – Clausen & Bosse, Leck
Printed in Germany ISBN 978-3-492-24919-5

www.piper.de

INHALT

EIN BUCH UND SEIN EIGENLEBEN

AUS VOLLEM HERZEN SCHRIEB ich dieses Buch vor langer Zeit. Viele Menschen – nicht nur Frauen – haben es auf ihren Wegen mitgenommen, einige haben mir berichtet, einige kamen zu meinen Lesungen, einige dankten, eine legte mir Blumen vor die Tür.

Inzwischen reise ich wieder häufig zu zweit, aber auch immer wieder mit größtem Vergnügen allein. Es ist anders – unvergleichlich. Ich möchte es nie mehr missen.

Inzwischen habe ich Schwiegertöchter und Enkelinnen. Weiblichen Nachwuchs, dem ich gern ein bisschen Vorbild sein möchte. Sie unterstützen mich in meinen Vorhaben, nicht nur in diesem.

Daher kam ich auf die Idee, für diese Neuausgabe die jüngere Generation um ihre Stimme zu bitten. Katja, meine Schwiegertochter, die schon in jungen Jahren allein in ferne Länder reiste, stand mir daraufhin mit ihren Gedanken und Ratschlägen zur Seite und verwies so den viel beklagten Generationenkonflikt mit einem heiteren Waffenstillstand ins Reich der Fabel.

Viel Vergnügen wünschen wir beide auch unseren Leserinnen und Lesern.

Katja und Susi

Moi, je ne suis jamais seul avec ma solitude …
Georges Moustaki

ZUEIGNUNG

ICH SCHREIBE DIESES BUCH für alle, die allein reisen, weil sie die Welt nicht als Museum betrachten, sondern sich selbst und andere hautnah erfahren wollen.

Ich schreibe nicht für die, die schon alles gesehen, gehört, erlebt haben und die trinkend und knabbernd die Welt vor dem Fernsehschirm vom Sessel aus konsumieren.

Ich schreibe für alle, die den Mut haben, sich aus ihren Vernetzungen, Verflechtungen und so genannten Verpflichtungen zu lösen, die sich preisgeben und öffnen für alles, was ihnen draußen begegnet.

Ich schreibe nicht für die, die sich verschanzen, sei es hinter ihrer dicken Brieftasche oder ihrer Position in der Gesellschaft.

Ich schreibe für alle Neugierigen, für die jeder Tag einzig und unwiederholbar ist und die jeden Tag wie ein neues Leben begrüßen.

Ich schreibe nicht für die, die gelangweilt und blasiert abwinken, da sie Kathedralen, Museen, Länder, Kulturen, Menschen längst für sich abgehakt und mit zu Hause verglichen haben, den Loch Lomond mit dem Tegernsee, die Ostseeküste mit der Sahara, die Wolkenkratzer in New York mit denen in Frankfurt – denn sie werden sich überall langweilen.

Ich schreibe für all die Ängstlichen, Sensiblen, Männer wie Frauen, die jeden Schritt zunächst ertasten müssen. Die Lauten, die Fordernden, die immer etwas zu kommentieren wissen, werden dieses Buch sowieso nicht lesen.

Ich schreibe für alle, die einen Tag an sich vorüberziehen lassen können und dabei jede Stunde, jede Minute willkommen heißen.

Ich schreibe nicht für jene, die ihre Zeit totschlagen, denn sie lassen ein Leichenfeld ungelebter Stunden hinter sich.

Ich widme dieses Buch nicht nur, doch in allererster Linie den Frauen, die aus Zwängen ausbrechen, die es heute immer noch gibt – nicht nur im Orient –, die in die Welt reisen und dabei ruhig und bestimmt allein auftreten – ecce femina.

WARUM ICH DIESES BUCH SCHRIEB

WIEN, HELDENPLATZ, EIN MAIABEND. Ich saß spät in der Nacht auf einer der vielen Bänke dieses herrlichen weiten Platzes. Es war mein erster Abend in dieser Stadt. Mein erster Urlaub allein. Vor mir die mächtige Burg, die Fiaker, die Touristen. Liebespaare überall, Pensionisten paarweise – mit der Frau oder mit dem Hunderl. Ich sah, ich hörte, ich fühlte die lauwarme Luft der Frühlingsnacht. Ich atmete tief durch, hörte Laute, sah Nuancen, die mich in dieser Intensität nie vorher erreicht hatten. Frei, dachte ich, und es fiel mir in Abwandlung des Titels eines von mir geliebten Theaterstücks ein: Süßer Vogel, Freiheit …

Ich zückte mein Notizbuch und schrieb, schrieb alles auf, was ich denen mitteilen wollte, die nicht bei mir waren. Ich dachte an die vielen, die allein waren wie ich – ob ohne oder auch mit Partner. Ich wollte ihnen mitteilen, wie gut es sich anfühlte, Gedanken zu Ende zu denken, auszukosten bis zur Neige, ganz zu sich selbst zurückzukehren.

Gegen Mitternacht war mein Büchlein fast voll. Es bildete den Grundstock für dieses Buch, das dem Vergnügen am Reisen mit sich selbst gewidmet ist. Allgemein verbindliche Ratschläge wollte ich damals nicht geben, ich war ja selbst noch auf der Suche, stand am Anfang eines Weges, der mich weit führen sollte, und heute weiß ich, dass diese Suche nicht enden wird, solange ich lebe. So möchte ich vor allem berichten, möchte Zaudernde ermutigen.

Mein Buch hat inzwischen viele Menschen erreicht – nicht nur Frauen, nicht nur Ältere, auch Jüngere. Das hat mich veranlasst, für diese Neuausgabe meine junge Schwiegertochter um Mitarbeit zu bitten. So werden wir gemeinsam unseren Lesern und Leserinnen vor allem Denkanstöße liefern, Ratschläge, die ich mir selbst immer wieder gegeben habe.

Nach einem Vierteljahrhundert der festen Familienbindungen war ich allein zurückgeblieben, das Nest war leer, die Kinder erwachsen, der Mann in einem fernen Land. Meine ersten und die folgenden Erfahrungen in diesem Lebensabschnitt sind es wert, berichtet zu werden. Es ist kein Horrorroman, es ist kein Liebesroman, es ist kein Unterhaltungsroman, sondern eine Geschichte, wie sich eine nicht mehr junge Frau zunächst zaudernd, dann mutiger in eine für sie bis dahin neue Welt hineintastete.

Das „Glücksgefühl vom Heldenplatz" habe ich inzwischen immer wieder gesucht und auch gefunden. Niemand kann es mir nehmen, denn ich habe es nur mir allein zu verdanken, und darauf bin ich ein bisschen stolz. So paradox es klingen mag – eigentlich möchte ich, dass dieses Buch bald „überholt" sein wird, dann nämlich, wenn frau allein dort sitzen und ihren Tag verbringen kann, wo es ihr Freude macht, ohne angestarrt oder angemacht zu werden, wenn sie es nicht will.

Wahrscheinlich werden meine Enkelinnen eines Tages über Omas Bedenken und Ängste lächeln. Ob es sie interessiert, dass es schon weit vor meiner Zeit einige wenige waren, die sich auf den Weg machten, so wie die ersten Studentinnen und die ersten Wählerinnen?

TEIL 1:
WIE ES DAZU KAM

ALS MEIN MANN VOR JAHREN nach langem Zusammensein fortging, war für mich das Leben zunächst einmal zu Ende. Ich hatte meine Identität von einem Tag auf den anderen verloren, weil ich nicht nur durch den Namen, sondern mit Fleisch und Blut in meiner Rolle als Ehefrau und Mutter aufgegangen war. Meine Arbeit war kein Beruf, ich hatte einen Job (Männer haben keinen Job, sie machen Karriere, gehen zur Arbeit, schuften oder malochen, je nach sozialer Stellung und innerer Einstellung), mein Einkommen war ein Zubrot, manchmal auch nur ein Taschengeld, von meinen Freundinnen auch herablassend als Schmugeld bezeichnet, und mein Auto ganz selbstverständlich der Zweitwagen. Dennoch war die Zeit voller Kinderlachen und Freundesbesuchen, voll Zärtlichkeit und Liebe eine schöne, erfüllte Zeit gewesen. Ein für das ausgehende zwanzigste Jahrhundert typisches Frauenleben. Von mir aus hätte es ruhig so weitergehen können bis zu den ersten Runzeln, den ersten Enkeln und einer angemessenen Bestattung im engsten Familienkreis, um die ruhmreiche Laufbahn würdig abzuschließen.

Es kam dann eben anders, und ich brauchte eine Weile, um zu verstehen, dass ich diese Situation mit vielen anderen, auch jüngeren Frauen teilte. In dieser Zeit gingen auch noch die Kinder ihrer Wege, das Nest leerte sich. Die Freunde blieben – das war mein Glück. Der Alltag pendelte sich ein, sogar die Sonntage wurden allmählich einigermaßen erträglich. Doch die Urlaubszeit, die angeblich „schönste Zeit des Jahres“ lastete schwer auf meiner Seele. Die ersten Ferien verbrachte ich noch mit dem jüngsten Sohn, die zweiten bei meiner besten Freundin in Amerika. Im dritten Jahr, als ich den Kopf wieder aufrecht zwischen den Schultern trug, musste ich dann doch endlich Farbe bekennen.

Ein gesellschaftlicher Sozialfall werden? Jammern? Meinen Kindern und Freunden auf die Nerven fallen? Niemals. Schließlich war ich als ganzer Mensch geboren, ohne Mann an meiner Seite – einzeln. Ich wollte mich nicht beugen, nicht auf ewig zu Gruppenreisen verurteilt sein oder ohne Rücksicht auf Verluste an meiner Identität und meinem Wohlbefinden nach Reisegefährten suchen.

Nie mehr abhängig, nie mehr unvollständig, ein ganzer Mensch wollte ich wieder werden, meine eigenen Kräfte mobilisieren. Was mich zu dem Entschluss brachte, mich auszuprobieren, und was daraus wurde, schildere ich in den folgenden Kapiteln – zur Ermutigung für all jene, die wie ich so erzogen wurden, dass man sich nach Abschluss der Pubertät schleunigst um einen passenden Ernährer zu bemühen habe, dass man immer hübsch verträglich und pflegeleicht durchs Leben gehen müsse, um all das zu bekommen, was einen weiblichen Menschen zur Frau und damit zu einem zumindest ansatzweise akzeptierten Mitglied der Gesellschaft macht.

Es war der Beginn eines steinigen Weges mit Gefällstrecken und steilen Steigungen, aber auch mit wundervollen, unvergesslichen Aussichtspunkten.

1. KAPITEL:
DER ENTSCHLUSS

MEIN URLAUB WAR GENEHMIGT. Gott sei Dank! Endlich Erholung, etwas Neues sehen, raus aus dem alltäglichen Trott. Locker, leicht, entspannt saß ich daheim – doch plötzlich spürte ich, wie mein Ego langsam, aber sicher zusammenschrumpfte. Ganz klein, zerknittert und ein bisschen gelblich sah ich es vor mir, kleinlaut und ziemlich miesepetrig. Verflixt nochmal! Ich war dieses Mal zum ersten Mal allein. Der jüngste Sohn war zum Studium abgerückt.

Urlaubsglück? Raus musste ich hier. Doch leider wird man zum Single nicht geboren, man kann den Zustand nicht einüben. Gereist war ich mit den Eltern, mit dem Mann, mit den Kindern, auch hin und wieder mit Freundinnen. Immer eingebunden, immer hieß es: „Was machen wir?"

Doch was mache *ich?* Wer war ich denn eigentlich, so ohne etwas um mich herum, wie der „Lattenzaun ohne Zwischenraum" aus dem Gedicht von Christian Morgenstern? Die Welt und besonders die Urlaubswelt sieht hauptsächlich Menschen in Form von Sets vor: den Mann-Frau-Set, den Frau-Freund-Set, den Frau-Frau-Set und so weiter und so weiter. So wie im Supermarkt, wo man auch kaum noch einen Lippenstift kaufen kann, ohne den passenden Nagellack oder gar das passende Toilettenpapier dazu zu erwerben.

Ich war aber kein Set, nur ein Einzelstück, ein Restposten der Gesellschaft. Mein Ego stöhnte jämmerlich und wurde gleich noch ein bisschen schrumpeliger.

Für heute gab ich erst mal auf und verkroch mich im Bett. Dabei stellte ich mir die Natur vor – schöne grüne Wälder, gleißend gelbe Strände, unbekannte Städte mit gelassen flanierenden Menschen. Unerreichbar für immer – wie der Mond, der im Vergleich dazu eher noch in greifbarer Nähe zu schweben schien.

Kurz vor dem Einschlafen beschloss ich mit letzter Kraft, mich von meinen solo lebenden Freunden und Freundinnen beraten zu lassen.

Was ich in den folgenden Tagen zu hören bekam, klang kurz und bündig etwa so:

„Mein Gott, du armes Kerlchen, fahr doch mit mir. Du hast ein Auto, ich nicht. Passt doch hervorragend, oder? Ich kann sowieso nicht allein fahren, niemals. Überall Paare und Pärchen, du kannst dir das gar nicht vorstellen. Unmöglich, als Frau allein wegzufahren. Ich sage mal so: Sonne-Strand-Meer und wir beide. Mit deinem Auto."

Ego zuckte zusammen. „Na ja, wenn du gern Chauffeur spielst ... Mit deinem Auto ..."

Die nächste, säuselnd: „Weißt du, ich suche schon lange jemanden, der mitfährt. Malgruppe, Meditation. Allein mag ich da nicht hinfahren. Man weiß ja nie, wie die anderen sind. Verstehst du, was ich meine? In der Gruppe muss man unheimlich stark sein. Also, wann brechen wir auf?"

Ego wurde noch eine Spur gelblicher. Wollte nicht meditieren, auch nicht mit Susanne oder Fritz – überhaupt nicht.

Die bildschöne, rasend intelligente Rosalinde saß mir strahlend gegenüber. „Du, das ist ja toll! Dass du mal wegfährst! Hätte ich nie von dir gedacht. Du kennst doch sonst immer nur deine Arbeit! Ich fahre einfach mit dir. Super! Wir machen einen drauf, dass es nur so knistert. Spanien ist dir doch recht?? Ich glaube, mit dir würde ich gern fahren. Du bist so verträglich, mit dir ..."

Sie musterte mich. „Ja, mir dir könnte ich! Klasse, ruf mich an! Alles schon gebongt!"

Du lieber Himmel, das kannte ich doch schon. Zu Rosalinde passte ich hervorragend – als Staffage für ihre Schönheit, ihren Glanz. In meiner Gegenwart konnte sie feurige Blicke abschießen. Und wenn's dann passte, wunderbar – tschüß, bis später –, würde sie davonrauschen. Ich hätte mich dann um das Gepäck gekümmert und das Abendessen verschoben. Zuverlässig. Ja, das war ich schon immer.

Ego schrumpfte zu einem hässlichen Kofferträger mit langer Nase. Ja, so sah ich mich. Langnasig, langohrig, nur nicht so langbeinig wie sie.

Ein wohlmeinender Freund (männlich): „Bleib doch mal zu Hause. Du bist doch sowieso genug unterwegs für alles Mögliche. Wohn doch mal in deiner Wohnung. Du könntest ruhig einmal ein bisschen aufräumen – so wie es bei dir aussieht. Bücher sortieren macht sogar Spaß. Ich komme dich auch mal besuchen. Dann trinken wir gemütlich Kaffee miteinander, und ich helfe dir beim …"

Und nun folgte eine Reihe von mir verhasster Tätigkeiten: Teppich shampoonieren, Briefmarkensammlung, Fotos, Bankauszüge, Archiv, Briefe sortieren, sichten, ordnen …

Ego bäumte sich auf, rüttelte an Gitterstäben, drohte, die Fenster einzuschlagen, die Möbel umzuwerfen und auf die Straße zu schmeißen. Hauptsache Unordnung, Chaos.

So konnte es nicht weitergehen. Wir waren verfeindet, Ego machte Revolution, stieg auf die Barrikaden und meuterte. Irgendwie gefiel mir das dann doch.

Das nächste Angebot kam von einer Fitnesswütigen: „Vor dem Frühstück eine halbe, besser noch eine Stunde Waldlauf, schwimmen, radeln, Diät … fünf Kilo runter täten auch dir gut."

Das übernächste Telefonat verband mich mit einem Frühaufsteher: „Ich verschlafe doch nicht den ganzen Urlaub … Sonnenaufgang macht kreativ, Sonnenuntergang ist was für Loser."

Eine Sumpfblüte: „In XYZ gibt's Discos, irre …"

Das Muttersöhnchen: „Ich brauche jemanden, der sich ein bisschen um mich kümmert – ich scheitere immer schon beim Kofferpacken …"

Auf meinem Tisch lagen Zeitschriften und Bildbände mit Reiseberichten in prächtigen Farben. Meer, Palmen, Berge – für einen Menschen mit satt gefülltem Portemonnaie gibt es keine Grenzen. In meinen Alpträumen der folgenden Tage donnerten Schnellzüge, pfiffen Jets, stampften Kreuzfahrtschiffe. Die ganze Welt auf dem Trip. Wie mochte das wohl von oben aussehen?

So nahm ich mir in meinen Träumen einen Stuhl, setzte mich auf die Wolken und sah mir die Sache von oben an. Und was erblickte ich da? Mein Ego saß breit, rosig und gemütlich irgendwo auf der Welt und ließ es sich wohl sein. Ja, wohl sein, das war es doch, was ich suchte. Wohl! Ich ließ das weiche, wonnige Wort auf der Zunge zergehen.

Wohl … Klang wie warm und weich – wie Wolle.

Womit wird es mir wohl?

Keine Ordnung, keine Aktionen, sondern einfach bei mir bleiben wollte ich und mich selbst mit hinausnehmen, ob in die weite oder nahe Welt, das war nicht so wichtig.

Vor den Fenstern rauschte ein warmer Frühlingsregen. Ego grinste mich feist und triumphierend an.

Der Entschluss war geboren: Wir packen es! Wir beide, Ego und ich, und niemand sonst!!!

DIE ENTSCHEIDENDE FRAGE: SOLL ICH ODER SOLL ICH NICHT?

Ich werde oft gefragt, ob sie/er nun solle oder nicht? So ganz allein? Könnte vor allem langweilig werden oder gar Gefahren bergen oder … nein, ganz unmöglich, was mache ich im Urlaub ohne …

Eine freche Antwort wäre: Das gleiche wie mit …

Klar, manches geht nicht, einverstanden.

Eine weitere Frage: Wenn nicht allein, dann mit wem?

Es empfiehlt sich dann, den eigenen Freundeskreis unter die Lupe zu nehmen. Wer käme in Frage für drei Wochen in einem fremden Land? Wie weit möchte oder kann man zurückstecken und wie weit der Freund/die Freundin? Auf wessen Kosten?

Welche Gewohnheiten sind absolut wichtig für den Wert der Erholung, der Entdeckung? Bleibt der Freund/die Freundin abends gern lange auf, trinkt er/sie gern ein Gläschen, wie ist es mit Tanzen, mit Kino, andere Leute kennen lernen, mit dem Ertragen von Hitze, Kälte, exotischen Speisen?

Ehrlichkeit, eventuell ein gemeinsam verbrachtes Wochenende, sind angesagt.

Letzte Frage: Eigentlich möchte man seine Freunde behalten, vor allem auch nach dem Urlaub. Wie steht die Chance???

Hilfreich ist ein allein verbrachtes Wochenende zum Klären, Nachdenken, Spazieren gehen, Testen der eigenen Fähigkeiten in Bezug auf Verträglichkeit mit sich selbst.

Schwere Schicksalsschläge, seelische Verletzungen, Trauer, Verzweiflung, Depression sind keine guten Startbedingungen für einen ersten Allein-Urlaub. Nicht fliehen, zu sich zurückkehren, lautet in meinen Augen die einzig sinnvolle Devise. Wer traurig ist, muss sich anlehnen können, und wenn es an einem vollen Programm ist oder einer aufbauenden Veranstaltung.

Doch derjenige, den es juckt, der den Kitzel von Neugier und Belebung spürt, sollte sich die Gelegenheit nicht entgehen lassen, sich selbst als Menschen zu entdecken, auf den er sich voll verlassen kann.

KATJAS KOMMENTAR

Natürlich – wir packen es. Wir? Ich selber und mein Ego. Viel zu wenig beachtet, dessen Träume, die eigentlich die meinen sind. Alleine verreisen? Ja. Denn: Freunde kennt man im Alltag – eine oder gar mehrere Wochen Urlaub sind etwas ganz anderes.

Hat der andere Geduld, wenn man sich zwei Kirchen in einem Ort ansehen möchte? Oder wartet er vor der Tür mit tappendem Fuß und darauf folgendem Maulen? Kann es auch einmal ein bisschen langsamer sein? Ist ein verschlafener Tag drin, wie man ihn schon lange mal erleben wollte?

So sollte man klug auswählen, wenn man sich für einen Urlaub zusammentut. Vorher mit dem anderen überlegen, was jeder machen möchte. („Ich will *unbedingt* die Sixtinische Kapelle sehen!" „Waas? Da stell ich mich aber keine drei Stunden an.") Und auch einplanen, dass man vielleicht nicht jede Minute gemeinsam verbringt.

Ansonsten: Nur Mut. Alleine sieht man mehr. Kann beobachten, alles entspannt auf sich wirken lassen. Und man kann sich auch über andere aufmerksame Menschen freuen, zum Beispiel den Wirt, der der allein Essenden den Vorspeisensalat früher als dem verliebt turtelnden Pärchen bringt, damit sie beschäftigt ist.

Mit wachen Augen reisen. Das ist intensiv reisen. Und die Erinnerungen bleiben länger als vergilbende Fotos.

2. KAPITEL:
WOHIN DES WEGS, MADAME?

DER ENTSCHLUSS WAR GEFASST. Wie ein unförmiges Möbelstück stand er im Raum, unverrückbar und genauso sperrig. Ego lag matt herum, und ich schlich mich täglich an dem Entschluss vorbei. Versuche, an etwas anderes zu denken, scheiterten. Ich stolperte immer wieder darüber. Drei Wochen Zeit lagen noch vor mir, drei Wochen, um mich mit meinen Ängsten anzufreunden. Sie mussten mitgenommen werden, das sah ich schnell ein. Ich brauchte sie sicherlich noch auf meinem Trip hinaus in die weite Welt. Niederknüppeln war sinnlos, schließlich wollte ich mich als Ganzes mitnehmen.

Doch all das brachte mich meinem Reiseziel nicht näher. Was nützt einem schon ein Mensch mit einem schlaffen Ego und aufgepackten Ängsten, ein ganzer Mensch vielleicht, aber doch ein zielloser? Eine Woche war seit dem unverrückbaren Entschluss vergangen. Neugierige Fragen meiner Mitwelt trieben mich eines Tages in ein Reisebüro, wo mir die ganze Welt buchstäblich vor die Füße geworfen wurde. Da lag sie nun, rund wie ein Fußball.

Ein bisschen Afrika gefällig, oder soll's eher asiatisch sein, Südamerika ist gerade in, die USA nicht so sehr, dafür Kanada ... ein bisschen Pulverdampf oder lieber Frieden mit Grün und Wellenrauschen? Unendliche Strände oder quirlige Märkte? Menschen im Pelz oder mit Lendenschurz, wilde Tiere oder zahme Hündchen und Kätzchen? Die ganze Vielfalt lag da, verpackt in bunte Prospekte, und eigentlich sah in dieser Form alles ziemlich ähnlich aus.

Im Reisebüro standen vor mir zwei junge Mädchen. Sie forderten gelangweilt: Sonne, egal wo. Preislage so um die so und so viel, vielleicht ein Sonderangebot? Vor allem schön warm, besser noch heiß. Urlaubslust nach Celsiusgraden. Für dreißig Grad legt man dann gern ein Bündel vom Selbstverdienten oder Ersparten auf den Tisch.

Eigentlich sahen die beiden traurig aus. Überdrüssig. Wo würden sie sich wohl gegenseitig anöden? Wo würden sie ihre Abenteuer suchen? Letztendlich würden sie sich einreihen in die Scharen von traurigen, lärmenden Nomaden, die alljährlich die Sonnenländer wie Heuschrecken überziehen. „Hängegesichter" hatte mein Sohn die Bedauernswerten genannt, die mit Turnschuhen und hochgepackten Rucksäcken an Stränden entlangziehen, ziellos durch Städte latschen und am Ende bestenfalls mit leuchtender Gesichtsbräune wieder auf ihren Bürostühlen oder Schulbänken landen. Bewundert von den Kollegen, die einige Wochen oder Monate zuvor das gleiche Bild von Wohlstand und Sorglosigkeit geboten hatten.

Ich verließ das Reisebüro mit einem Stapel einschlägigem Material, goss mir zu Hause ein Glas Rotwein ein und verfiel ins Grübeln.

Wohin allein?

Die Kataloge zeigten nur makellose Paare vor irgendeinem Pool vor irgendeiner Kulisse. Der Pool immer grünblau, Palmen im Hintergrund, azurblauer Himmel, keine Wolke, kein Regen, kein Haus, kein Einheimischer, dafür manchmal im Hintergrund eine Betonburg oder ein Bungalow mit Strohdach, der Folklore signalisieren sollte.

Ein Bild drängte sich mir auf: Vor einigen Jahren, als die Kinder noch Kinder waren, wurde ich auf Dienstreise geschickt. Es war nach vielen Jahren mein erster Kurzausflug hinaus aus dem

Nest der Familie. Ich bezog ein karges Einzelzimmer, das in vielem einer Gefängniszelle glich, nur der Kübel war durch eine vergleichsweise komfortable Nasszelle ersetzt.

Wie ein zerzauster, aus dem Nest gefallener Vogel hockte ich damals auf meinem Bett und fühlte mich ausgestoßen. Ich hatte Sehnsucht nach Mann und Kindern, konnte die Stille nicht genießen. Kein Stuhl, kein Schreibtisch, nicht einmal ein Radio. Das Notwendigste eben. Aufbewahrt für eine Nacht, nicht aufgehoben.

So nicht ... war mein einziger Gedanke. So nicht und so nicht und so schon gar nicht. Wütend starrte ich die unschuldigen Kataloge an.

Ich trank ein weiteres Glas und schielte nach Ego. Es blinzelte mir aufmunternd zu.

„Hallo, ich bin doch auch noch da. Ich bin nicht nur jemand, sondern ich bin du. Vergiss mich nicht. Eigentlich hätte ich schon länger eine bessere Behandlung verdient. Wird Zeit, dass du damit anfängst, sonst verdufte ich, und dann siehst du ziemlich alt aus, nicht nur einsam und allein."

„Kannst du gar nicht, denn du bist ja ich."

„Überleg mal", meinte Ego grinsend und lümmelte sich auf der Couch. „Wie viele Jahre hast du überhaupt nicht nachgedacht über mich, hast mich vernachlässigt, regelrecht verkümmern lassen. Unlebendig war ich, ganz schrumpelig. Weil du absolut kein Egoist sein wolltest, das gehörte sich nicht, man war ja gut erzogen."

„Erziehung hin, Erziehung her, ich bin es immer noch nicht. Außerdem hatte ich Wichtigeres im Kopf: Kinder, Mann, Job, Freunde, Haushalt, Schule ..."

„Ja, und ich wäre damals fast im Fundbüro gelandet wie ein altmodischer Regenschirm."

„Hör auf zu jammern!"

„O.k., aber das musste mal raus. Schließlich sitzt du da wie ein begossener Pudel und kennst dich nicht und traust dich nicht einmal, mit mir eine fantastische Traumreise zu machen."

„Trau mich schon.“

„Dass ich nicht lache. Schau dich doch einmal an. Du bist ein erwachsener Mensch, hast gesunde Glieder und einen einigermaßen wachen Verstand – und nicht zuletzt mich. Häng doch nicht rum wie ein Trauerkloß. Mein Gott, wie hässlich du bist, wie langweilig, wie zum Davonlaufen uninteressant. Willst du mich denn aufgeben? Gut, schön, ich verzupfe mich wieder für die nächsten Jahre. Ich rolle mich ein, ich sage nicht einmal Piep und lasse dich heimlich, still und leise eingehen.“

Jetzt reichte es mir. Ich sprang auf. Ich ein Trauerkloß? Das hatte gesessen.

„Wir könnten Freunde werden“, hörte ich durch meine Wut hindurch.

„Waren wir das nicht?“

„Manchmal schon, aber dann hast du mich immer wieder vergessen. Ein Altruist der alten Schule – nur nicht Egoist, nur nicht auf dich selbst hören, immer nur auf andere. Ich mache dir ein Friedensangebot. Du könntest doch eine Egophile werden.“

„Was soll denn das sein?“

„Ein Egoist ist ein Mensch, der nur sich selbst im Auge hat und nicht über seinen eigenen Tellerrand hinaussieht. Der seine Mitmenschen wie Luft behandelt. Unter einem Egophilen stelle ich mir einen Menschen vor, der mit sich selbst Freundschaft hält, aber auch mit anderen. So einer sieht sich und die Welt im Einklang.“

„Der Gedanke gefällt mir. Darüber werde ich im Urlaub nachdenken. Aber jetzt sage mir, lieber Freund Ego, wohin soll ich mit dir, das heißt mit mir? Soll ich mich vielleicht in einem einzigen blöden Hotelzimmer einbunkern lassen und mich tödlich langweilen? Hier habe ich drei Zimmer und alle meine Bücher, meine Platten und mein geliebtes Chaos, meinen Schreibtisch, mein Telefon, meinen Computer, meine unerledigte Steuererklärung und noch viele schöne Spielsachen, die der moderne Mensch braucht, um seine Freizeit nutzbringend zu verschwenden.“

„Nutzbringend verschwenden ist sowieso Quatsch."

„Na gut, du meinst, man soll seine kostbaren Lebenstage vor dem endgültigen Verfallsdatum nicht verschwenden, das ist nicht egophil. Aber warum muss ich denn überhaupt hier weg?"

„Du musst überhaupt nicht. Wer zwingt dich denn?"

„Weiß ich doch nicht. Irgendwas hier drin."

„Fang jetzt nicht mit Tiefenpsychologie an. Schließlich kannst du dir mal eine Reise gönnen. Damit du zu dir selbst kommst. Damit du das Korsett aus Besorgungen machen, Wäsche waschen und bügeln, Wohnung aufräumen, Freunde besuchen, Freunde empfangen, Kurse besuchen, Briefe erledigen etc. einmal abwirfst und frei turnen lernst."

„Turnen habe ich schon immer gehasst."

„Hör lieber zu. Es wird höchste Zeit, dass du deinen Horizont erweiterst. Du solltest dich einmal in einer neuen Umgebung erleben, in fremden Gesichtern spiegeln. Ein Tanz auf dem Drahtseil, ohne Netz, nach Sicherheitsregeln verboten, aber unendlich reizvoll. Gefährlich auch nicht, wenn du klug vorgehst."

„Und wenn ich mich langweile?"

„Anscheinend kennst du dich trotz deines erwachsenen Alters immer noch nicht. Schau mich an, ich bin ein brillanter Alleinunterhalter. Ich werde dich nicht im Stich lassen."

Sollte ich meine Kräfte bis dahin unterschätzt haben? Meine Selbstzweifel ließ ich mir dennoch nicht so leicht nehmen. Immerhin hatte ich sie im Laufe meines langen Lebens mehr oder weniger mühsam erworben.

Auf der Suche nach stichhaltigen Argumenten griff ich nach einer Illustrierten, blätterte gezielt, bis ich die Ratgeberseite fand, las einen dick rot markierten Brief zum x-ten Mal durch und hielt ihn meinem frechen Ego unter die gerümpfte Nase.

„Schau mal, was da steht. Schreibt doch eine frisch getrennte Frau, dass sie drei Wochen allein Urlaub auf Mallorca gemacht hat. Ein schönes Hotelzimmer hatte sie, das Wetter war auch anständig, und doch hat sie die Tage bis zu ihrer Heimkehr gezählt."

„Die hat ja auch alles verkehrt gemacht."

„Wieso?"

„Wir werden die Sache gemächlich, geduldig, genüsslich angehen. Wir lassen uns nicht irgendwo abwerfen, noch dazu in einem Land, in dem wir die Sprache nicht verstehen und aus dem wir nicht so einfach nach Hause abhauen können."

„Du meinst also, wir sollten Fehler vermeiden."

„Ach, weißt du, Fehler hin, Fehler her, was richtig und falsch ist, muss jeder mit sich selbst und seinem Ego ausmachen. Ich wette, die Frau ist einfach losgedüst oder losgejettet und hat nicht auf ihr unterprivilegiertes, unterdrücktes, gefoltertes – schluchz – Ego gehört."

„Jetzt wirst du larmoyant, das passt nicht zu mir. Nimm dich doch nicht so wichtig."

„Tu ich doch. Denn sonst können wir nicht befreundet sein – zu deinem Schaden."

„Normal ist es nicht, wenn man immerzu an sich denkt. Schließlich habe ich auch meine soziale Seite."

„Die behältst du auch. Aber du fliehst manchmal vor dir selbst. Denk doch einmal daran, wie mühsam ich mir bei dir Gehör verschafft habe. Jahrzehntelang habe ich es versucht. Es war zum Heulen mit dir."

„Und mit der Frau aus dem Leserbrief wahrscheinlich auch", lenkte ich ab. „Die Arme, wie schrecklich muss sie gelitten haben. Geld futsch, Urlaub futsch, Lust futsch."

„Jetzt hör endlich auf!" Ego ist blauviolett angelaufen. „Sei froh, dass du den Leserbrief gelesen hast. Den nehmen wir jetzt Punkt für Punkt durch. Punkt eins: Spanien kommt nicht in Frage."

„Warum denn nicht? Ist doch schön warm."

„Warm, warm, warm", tobte Ego. „Wir fahren im Sommer, und außerdem gibt es noch mehr als Wärme auf der Welt. Mit Wärme allein langweilst du dich ganz sicher. Du stehst morgens auf und schwitzt. Du sitzt mittags schwitzend beim Essen, und nachts plumpst du erst mal schweißnass in die Badewanne und dann immer noch schwitzend ins Bett. Amüsiert dich Wärme?"

„Amüsieren soll ich mich auch noch, wenn ich allein unterwegs bin?"

„Na klar, doch davon reden wir später. Zunächst einmal suchen wir uns ein schnuckeliges Plätzchen auf diesem Planeten, wo wir wohlig wandeln werden."

„Wohlig wandeln, so ein blöder Kitsch. Reiß dich zusammen", knurrte ich am Rande der Erschöpfung. Meine Ohren fingen an zu glühen.

„Zusammenreißen werde ich mich nicht. Kein Stemmen, Drücken, Reißen. Keine Gewalt – am wenigsten gegen uns."

„Na schön, dann eben nicht Spanien. Wir bleiben auf dem Teppich, fliegen mit demselben nicht davon, sondern sehen uns in der Nähe um. Wenigstens beim ersten Mal."

„Bravo!!! Endlich was kapiert."

„Das System der kleinen Sprünge also. Fürs erste ein Land mit einer mir verständlichen Sprache."

„Toll, wir werden einen Superurlaub verleben."

„Ich könnte es auch mit Englisch versuchen, ein bisschen Französisch könnte ich auch probieren."

„Geh am besten behutsam mit dir um. Ich muss ja auch erst lernen, dich ungefügen Koloss durch die Lande zu schieben. Mach es mir nicht allzu schwer."

Flehend sah Ego mich an. Plötzlich gewann ich es lieb. Ein erster Schritt zur Freundschaft – zur wahren Egophilie?

Es war spät geworden. Ein reicher Abend mit meinem Motz-Ego lag hinter mir. Noch war nichts verloren. Der Reiseweg wurde langsam heller. Ich wollte bescheiden und klug planen, damit Ego keinen Dauerschaden erlitt. Es war sowieso schon ziemlich schrundig und zerkratzt.

Langsam juckte mich die Herausforderung, der „süße Vogel Freiheit" saß vor dem Fenster und pickte gegen die Scheibe.

„Lass ihn herein", sagte Ego frech. „Lass doch die Düsenriesen düsen, wir vertrauen uns diesem altmodischen Biest an. Das stürzt nicht ab, dafür sorge ich."

So packte ich die Prospekte in einen Karton. Aufschrift: Später.

„Lust, wohin treibst du mich?", so ging es mir durch den Kopf. „Freude, wohin führst du mich?"

Städte, Küsten, Wälder und Seen tauchten auf in Sonne und Regen. Aber auch meine Bücher, meine Musikkassetten. Langsam erwachte ich zum Leben. Wandern, baden, lesen, Musik hören – ein verlockendes Programm. Gerade recht für ein Einzelwesen wie mich.

Das Nachbarland sollte zunächst mein Ziel sein. Ein klitzekleines Dorf im Osten nahe der ungarischen Grenze. Kein Fremdenverkehr, dafür herzliche Wirtsleute in einem Gasthof, wo wir als Familie schon viele schöne Wochen verlebt hatten. Vertraute Hügel ringsum, ein großer See in der Nähe und für graue Tage die Großstadt mit Leben und Betrieb, Kino und Theater, engen Gassen und geselligen Caféhäusern, in denen man stundenlang schmökern kann – im mitgebrachten Buch oder in der hauseigenen Zeitung.

Ego döste still und zufrieden in der Sofaecke.

Ein kurzes Aufbäumen meinerseits: „Protzen werden wir mit so einem schlichten Unternehmen wohl kaum, aber für den Anfang ..."

„Willst du protzen oder willst du reisen und genießen?" Ego lief schon wieder gefährlich lila-grün an.

So ließen wir das Thema erst einmal stehen und ich lebte ein paar Tage mit meinen Plänen. Diese reiften, wurden farbiger. Es gab noch so vieles zu entdecken: ein kleines grünes Seitental, das Dreiländereck, eine alte Burg, eine Ausgrabung, eine romantische Schlucht ... Ja, ja, das wollte ich und nichts anderes.

Die kommenden Wochen vergingen mit Vorfreude und stillem Bangen, mit heiteren und ängstlichen Träumen.

Ein Stück Welt für mich und ein Stück Zeit für mich – ein Stück Leben, das mir ganz gehören sollte. Passt.

FRAGE EINER ZIELLOSEN: WOHIN DENN NUN MIT MIR?

Das Ziel lässt sich nun einmal nicht für alle gleich bestimmen. Oft bin ich gefragt worden, welches denn nun das Gelobte Land für einen allein reisenden Menschen sei. Ich kann nur meine eigene Erfahrung weitergeben, angereichert durch Berichte meiner Freunde und Freundinnen.

Ich bin heute noch froh darüber, dass ich am Beginn meiner Alleinreisen das Ziel sehr sorgfältig gewählt habe. So sind mir Enttäuschungen erspart geblieben. Enttäuschung hat ja etwas damit zu tun, dass man sich vorher getäuscht hat. Hochfliegende – das heißt weit fliegende – Pläne hatte ich nicht. So blieb ich im Lande und erholte mich redlich. Das gilt natürlich nicht für alle Menschen, so wie alle Entscheidungen.

Ich habe vor jeder Reise einfach die Augen geschlossen und Länder, Meere, Gebirge, Wiesen und Wälder Revue passieren lassen. Auf dieser Gedankenreise wurde mir manchmal warm ums Herz, manchmal blieb ich kühl.

Die Orte, die Wohlgefühl hervorriefen, schrieb ich auf, träumte weiter in diese und jene Richtung, bis Klarheit einkehrte. Mit dieser Klarheit im Kopf und der Wärme im Herzen ging ich meine Vorlieben, meine Gewohnheiten und auch meine Fähigkeiten der Reihe nach durch. Und auch die Unfähigkeiten, die die Neugier erweckten, doch einmal die Grenzen zu erweitern.

Ich selbst unterziehe auch meine Sprachkenntnisse einer Sondierung. Manches möchte ich dazulernen. Ganz hilflos in Wort und Schrift möchte ich ungern sein. Radio, Fernsehen, Kino, Theater, Gespräche mit Einheimischen können den Urlaub eines Einzelgängers beleben.

Die Prospekte der Reiseveranstalter sehe ich kritisch durch. Es gibt keine Orte nur für Familien, junge Leute, Paare. Es liegt an mir, ob ich dorthin passe.

Bei Fernreisen sollte man sich nach den Sitten des jeweiligen

Landes erkundigen. Allein reisende Frauen sind nicht überall willkommen. Einige Länder sind gefährlich für Einzelreisende jeden Geschlechts. Wozu das Schicksal herausfordern?

Die ersten Male habe ich mir nicht zu viel Zeit vorgenommen. Lieber mit einem kleinen Bedauern heimkehren, als die Tage zählen. (Habe ich auch schon erlebt, war meine Schuld.) Die Lust zur Wiederholung wächst ganz sicher mit der Erfahrung. Dann erweitert sich der räumliche und zeitliche Radius ganz von allein.

Fazit: Stress im Urlaub ist überflüssig, keiner lohnt einem Überforderung in welcher Hinsicht auch immer. Den Alltag vergessen, sich treiben lassen, das ist Urlaub …

KATJAS KOMMENTAR

Die erste lange Reise alleine – ein aufregendes Gefühl.

Bei mir was es damals der erste Flug, ein neuer Kontinent – Asien. Wenigstens beherrschte ich die Sprache des Landes. Meine Ziele waren Musik zu machen und mit mir/in mir zur Ruhe zu kommen. Und so fuhr ich mutig los.

Und verbrachte wunderschöne Monate – mit mir. Selten, dass man so viel Zeit für sich hat. Sich selber nachfühlt und auf sich hört. Mit sich selbst zu entscheiden, wie der Tag am schönsten zu verbringen sei … eine schöne Erinnerung.

Abends die Zeit für den Rückblick. Es gibt auch an „schlechten" Tagen immer etwas Erfreuliches, und wenn man's genau nimmt, kann man mit dem Fokus auf Erfreuliches mit frohem Sinn das Unerfreuliche ruhig überdenken und sich vornehmen, es am nächsten Tag besser zu machen.

Mir gelingt das meist nur im Urlaub oder auch wenn ich – beruflich bedingt – abends alleine im Hotel sitze. Einen Schritt zurücktreten und in Ruhe betrachten, was passierte. Reaktionen von sich selber und anderen analysieren.

Die guten Dinge kommen dann in eine bunte Truhe mit der Aufschrift „Aufheiterungen". So bringt man für seinen Schatz von jeder Reise etwas nach Hause mit. Und dort findet man diese Schätze auch wieder. Immer, wenn man sie braucht. Und man kann an tristen Tagen darin kramen. Vielleicht gelingt es ja auch irgendwann im Alltag, den Tag mit dem Befüllen der Truhe zu beenden.

3. KAPITEL:
SACK & PACK

„WÄRE ICH NUR EINE SCHNECKE!" Zwei Tage vor dem Start stieß ich voller Inbrunst diesen Seufzer aus.

„So langsam oder so lecker?" Klaus-Carl, mein alter Jugendfreund, schlürfte seinen Kaffee, verdrückte ein weiteres Nusshörnchen und grinste mich breit an – in meinen Augen höhnisch.

Verzweifelt deutete ich auf meinen Koffer, der mit offenem Maul in der Ecke stand.

„Ah so, du willst alles mitnehmen."

„Blöder Hund", knurrte ich wie ein Schäferhund kurz vor dem Zubeißen.

„Die Wandergesellen früher haben ja auch ihre gesamte Habe dabei gehabt", verteidigte sich der liebe alte Freund hilflos, „die Devise lautete: omnia meum mecum porto."

„Ja, ja, ich weiß schon, die hatten ihre ganze Habe in ein Bündel geschnürt, aber du vergisst, dass ich mich nicht auf dienstliche Wanderschaft begebe, sondern ganz undienstlich in Urlaub fahre … und das auch noch allein."

„Selber schuld, hättest mich ja mitnehmen können", konterte der Gute. „Ich packe immer nur zwei Paar Jeans, zwei T-Shirts und Rasierzeug ein, sonst nichts – schon weil ich das Kofferpacken hasse. Alles andere kaufe ich vor Ort. Und im Übrigen", er hob die Stimme zu einem bedeutungsvollen Tremolo, „fahre ich niemals allein weg."

„Ach, ich dachte, ihr Männer seid so selbstständig? Schließlich könnt ihr doch überall hin, in alle Länder, in alle Kneipen."

Ich setzte mich mit dem Rücken zu meinem Koffer und sah Klaus-Carl herausfordernd an.

„Nee", meine der, „nee, nee, mir wäre todlangweilig. Kneipen sind entsetzlich öde. Man hockt am Tresen, lässt sich volllaufen wie all die anderen Männer, die da sonst noch herumhängen, und versucht, ab und zu einmal einen feurigen Blick von der amtierenden Barfrau zu erhaschen, die einen dafür endlos zulabert. Trostlos, meine Liebe. Außerdem brauche ich dringend jemanden, der sich um mich kümmert – nicht nur um die beiden Jeans und die T-Shirts. Ich biete es dir ein letztes Mal an: Fahr mit mir und du wirst unendlichen Spaß haben."

„Und ich wiederhole ein weiteres Mal, ich mache keine Dienstreise."

Jetzt guckte Klaus-Carl ein bisschen dämlich aus seinem frisch gestärkten Hemd.

„Ich mache Urlaub, verstehst du, ich kümmere mich einmal um mich. Zum ersten Mal in meinem Leben. Und ich will mich weder um deine Seele noch um deine Jeans kümmern. Um überhaupt nichts. So etwas nennt man friedliche Wiederaufrüstung."

„Weiber", stöhnte Klaus-Carl. „Unbehütet rennen sie besinnungslos durch die Welt. Weißt du denn nicht, was alles passieren kann?"

„Eben warst du es doch, der bemuttert werden wollte."

„Na, hör mal, ich hätte dir schon meinen ritterlichen Arm gereicht."

„Ritter stören in manchen Lebenslagen. Ich bin schließlich groß genug, um zur Arbeit zu gehen, mit den entsprechenden Verkehrsmitteln dorthin zu gelangen, die mir gestellten Aufgaben zur Zufriedenheit anderer Ritter selbstständig zu erledigen und letztlich den Laden hier auch noch in Schwung zu halten."

Stolz bemerkte ich, wie Klaus-Carl nach Argumenten suchte

und nach wenigen Sekunden die Suche resigniert einstellte. Ich geriet umso mehr in Schwung und Begeisterung, erkannte mich selbst nicht wieder.

„Ja, und wenn ich mich von alldem erholen will, brauche ich plötzlich einen Babysitter, für den ich dann allerdings sorgen müsste. Langeweile vertreiben, aufmerksam nach dem Wohlbefinden fragen, und wenn dieses nicht so ist, wie es sein sollte, Abhilfe schaffen …"

Uff, das war eine Grundsatzerklärung gewesen. Leise klatschte Ego Beifall.

„Du wirst schon sehen, was du davon hast, wenn du in einem finsteren Einzelzimmerchen mit Hinterhofblick eingesperrt bist und von ferne die Musik aus der Disco hörst. Ja, dann hättest du liebend gern einen bei dir, der es dir gestattet, sich um sein Wohlbefinden zu kümmern."

„Das wird sich zeigen. Ich werde berichten, wenn ich zurück bin."

Langsam war ich diese Art von Diskussionen leid. Ego lag platt auf dem Bauch. Es wurde Zeit, dass Klaus-Carl seine Probleme einpackte und sie, wenn auch ungelöst, mit nach Hause nahm.

Wie unselbstständig ein so erfolgreicher Geschäftsmann sein kann, dachte ich beim Abschied.

Und wie unselbstständig bin ich selbst, gestand ich mir kleinlaut ein, als ich wieder allein vor dem Koffermaul stand. Frische Wäsche kann man immer brauchen, auch Socken, Schuhe, Pullis und Pyjamas. Das neue Kleid? Quatsch, zu auffällig. Das oder jenes?

Ich schielte nach Ego, das sich mühsam hochrappelte.

„Und meine Sachen?", piepste es.

„Für so ein platt gewalztes Ding wie dich gibt es überhaupt keine Sachen. Unsere Mode passt nur auf runde Formen", raunzte ich müde.

„Was Weiches täte mir eigentlich schon gut. Weißt du denn immer noch nicht, wie du mich rund kriegst?"

„Klar weiß ich das", meine Antwort klang nicht sehr überzeugt und daher auch nicht überzeugend.

„Na, dann schieß mal los, auf, auf, keine Müdigkeit vorschützen."

„Was meinst du zu dem seidenen Hausanzug – oder soll es die Schlamperhose sein oder die Sandalen, die Peter schon einmal in den Mülleimer werfen wollte?"

Ego war von einem lieblichen rosa Schimmer überzogen, leuchtete fast von innen. Hoffnung keimte auf.

„Die Latschen – ich weiß nicht. Kauf dir doch was Netteres – deine Lieblingssachen für die nächsten Alleinreisen. Wir werden sie voraussichtlich noch oft brauchen, wenn wir beide wegfahren – das heißt du mit mir."

„Kein übler Gedanke. Und Bücher brauche ich auch noch."

Mein Gott, was hatte ich im vergangenen Jahr alles versäumt. Ich notierte, prüfte, las, blätterte, bekam Lust … Lese-Wollust. Das hier und das auch noch – die alte Schwarte sollte auch mal wieder gelesen werden, und die da hatte ich wegen Übermüdung immer wieder beiseite gelegt. Mit klarem Kopf und ausgeruhten Sinnen eine Wonne, noch einmal einzusteigen.

Jetzt musste schon ein zweiter Koffer her. Sein Maul wirkte nicht mehr so gefräßig, so bedrohlich. Als Notnagel warf ich noch die Patiencekarten hinein. Wenn einmal nichts anderes geht.

„Lesen ist gut, schreiben ist besser", mahnte Ego.

„Ich will nicht arbeiten."

„Wer spricht denn von Arbeit? Denk einmal daran, warum deine Freundinnen, die Ursel und die Beate, die Sybille und die Gerda und auch die Fritzi nicht allein wegfahren wollen. Sie müssen sich ständig mitteilen, sagen sie, ‚Uiii!' und ‚Ooh!' und ‚Schau mal!' rufen, ihren Partner mit dem Ellbogen schubsen und vor Ort alles bereden, manchmal auch zerreden, bevor sie richtig hinschauen. Du aber musst alles bei dir behalten. Vielleicht platzt du dann."

„Und du mit mir, schrecklicher Gedanke. Also nehmen wir

Papier und schöne Schreibgeräte mit, ich liebe Stifte in jeder Ausführung. Harte, weiche, gelbe, grüne, den Füller. Juhu, ich werde mir die Finger wund schreiben."

„Vergiss darüber das Hinschauen nicht. Es gibt schließlich Leute, die die schönsten Länder lediglich durch den Sucher ihres Fotoapparates oder ihrer Videokamera betrachten. Zu Hause sehen sie sich das Land ihrer Träume dann fein in Ausschnitte aufgeteilt an und wundern sich, wo sie angeblich gewesen sind. Lass uns alles vor Ort betrachten. Findest du nicht, dass das ein nahezu revolutionärer Reisegedanke ist?"

Ego blähte sich stolz auf.

„So neu ist der Gedanke nun auch wieder nicht. Schließlich gab es einmal eine Zeit vor der Lichtbildnerei. Da musste man noch selber malen. Aber du hast Recht, tagsüber schauen, bei Überfülle Notizen machen und abends im stillen Kämmerlein alles noch einmal schreibend genießen."

Mir brummte der Kopf.

Briefpapier brauchte ich. Wieder einmal persönlich schreiben – nicht schlecht. Handy zu Hause lassen. Es gibt interessantere Gespräche als: „Wo bist du gerade? – Ah, in der Straßenbahn, ach so, im Bus. – Das Wetter bei euch? – Bei uns auch. – Familie? – Na, gut."

Kostet nur einen Haufen Geld.

„Nimm es doch mit, du musst es ja nicht ständig einsetzen. Vielleicht brauchst du es noch im 13. Kapitel." Ego lächelte verschmitzt, wandte sich ab und überließ mich meiner Verständnislosigkeit.

Und doch wollte ich hauptsächlich Briefe schreiben. Auf Karten steht meistens ähnlicher Schwachsinn wie in den SMS. Ein Versuch, auf den anderen einzugehen, ist eine kleine Mühe wert. Mal sehen, ob es klappt.

„Und jetzt noch mein Gepäck." Ego hält mir mit wichtiger Miene ein winziges Täschchen unter die Nase.

„Was soll denn das? Die Wohnung ist doch schon halb ausgeräumt."

„Da komm ich rein."

„Du bist doch ich."

„Ich will aber komfortabel, sozusagen 1. Klasse reisen. Du hast nur mich. Und ich will auch in perfekter Form zurückkommen. Du brauchst mich schließlich bis zu deinem letzten Tag. Es sei denn, du vergisst mich wieder einmal für längere Zeit."

„Fang nicht schon wieder damit an. Was soll denn da noch rein? Ich sehe da drin so komische Fächer."

„Ganz einfach. Die Mappe ‚Geschäftliches' machen wir zu und legen sie hier an einen sicheren Platz. Die bleibt da. Deine Sorgen lässt du am besten auch da. Nein, warte mal, ein paar können wir mitnehmen. Die sehen wir uns unterwegs mal in Ruhe an. Aber bitte nicht alle. Sonst werde ich erdrückt."

„Bin ich hier beim Psychiater? Diese Typen reden auch immer so gescheit daher, wenn einem der Kopf brummt."

„Im Gegenteil, du lernst gerade, dir selbst zu helfen. Schau mal, was da in der Ecke herumliegt. Ganz verstaubt und ein bisschen zerfranst. Deine Kreativität, deine Heiterkeit, deine Neugier. Die sind vielleicht in einem Zustand! Wir werden sie pflegen, entstauben und schön herrichten. Ein Glück, dass das ganze Zeug überhaupt noch da ist."

„Zeug nennst du das? Meine wichtigsten Bestandteile?"

„Du musst wieder lachen lernen."

„Tu ich. Doch was mache ich mit meinen Ängsten?"

„Die nehmen wir mit, sonst gehst du unter. Hier ist übrigens noch ein kleines Notfall-Set – die eiserne Reserve. Kann sein, dass du es brauchen wirst."

Ich schaute ein bisschen dumm. Na schön, ich war vollständig ausgerüstet und hatte auch noch ein Notfall-Set. Ego war seidenweich verstaut und der Rest meines Körpers erschöpft. Ein Tag noch – danach musste sich der Wert der ganzen Organisation erweisen.

Am nächsten Tag sollte ich noch da sein. Mit diesem tröstlichen Gedanken sank ich in die Federn – unter meine eigene Bettdecke, an die ich mich ängstlich wie ein Kind klammerte.

Ich distanzierte mich von dem Tag und träumte von großohrigen, wuscheligen weißen Mäusen. Was das wohl zu bedeuten hatte?

RUCKSACK ODER KOFFER? VON ÜBERFLUSS UND MANGEL

Ein kleiner Rucksack, ein großer Koffer. Eine Wohnung voller Gegenstände, weitere im Keller und auf dem Dachboden. Trennungsangst und schwache Arme.

Die schwachen Arme habe ich immer bedacht, denn es gibt nicht mehr so häufig starke Arme, die einem bei Mini-Umzügen helfen.

Stufe eins: Ich nehme alles Notwendige mit. Die Kleidung je nach Urlaubsland, Jahreszeit und Quartier. Dabei überlege ich immer, in welchen Sachen ich mich sicher fühle. Mir liegt es nicht, allzu auffällig herumzulaufen. Ich möchte respektiert, aber nicht angestarrt werden. Wer gerne angestarrt wird, kann natürlich das wilde Rote oder das Giftgrüne einstecken, aber dann bitte nicht über die starrenden Augen jammern!

Kuschelige Klamotten für Abende allein im Zimmer liebe ich, und ich muntere mich oft durch etwas Besonderes auf.

Stufe zwei: Die Kür besteht in dem nicht Notwendigen – Hobbys lassen sich manchmal nur mit Requisiten betreiben. Sportgerät ist für Sportliche selbstverständlich, aber es gibt auch unsportliche Vergnügungen wie Musik hören, Bücher lesen, Spiele für eine Person spielen, Rätsel und Denksportaufgaben lösen. Malen und zeichnen, Gedichte oder Prosa schreiben kann Spaß machen, auch wenn man es noch nie getan hat. Ohne Erfolgszwang herumprobieren – das war auf vielen Reisen mein liebstes Hobby.

Manchmal habe ich auch neue Wissensgebiete für mich entdeckt. In ausgeruhtem Zustand hat man viele ungenutzte Hirnkapazitäten. Die Lieblingslektüre bestand häufig in einem

Roman oder einer geschichtlichen Darstellung aus dem Land, in dem ich mich gerade aufhielt. Wenn möglich, lese ich auch immer wieder die Zeitungen des Landes oder der näheren Umgebung, vor allem die Leserbriefe, die mich mit den Einwohnern bekannt machen.

Stufe drei: Ich motte meine ungelösten Probleme ein. Ein paar Themen, die auf ihre Lösung warten, hebe ich mir für meine stillen Wanderungen auf. Manches löst sich, mit Abstand betrachtet, erfahrungsgemäß von selbst.

Das Notfall-Set packe ich in eine Seitentasche, doch davon später.

KATJAS KOMMENTAR

Packen. Für viele ein Graus, der eine Reise schon Wochen vorher verdirbt. Ein offener Koffer, den man anstarrt. Ich selber packe meist kurzfristig, was nicht heißt, dass ich unorganisiert packe. Wenn mir in den Wochen vorher etwas Wichtiges einfällt, schreibe ich es auf eine Liste. Der Grundstock dazu ist eine Standard-Checkliste – denn etliches packt man sowieso jedes Mal ein.

Bedenken Sie beim Packen nicht nur verschiedene Wetterlagen, sondern auch die Hochs und Tiefs in Ihrem Inneren. Dinge, in denen Sie sich besonders wohl fühlen, oder Dinge, mit denen Sie sich besonders wohl fühlen, sollten Sie mitnehmen. Verlassen Sie sich nicht darauf, dass das eine Buch, das Sie mitnehmen wollen, Sie auch wirklich fesselt. Ein zweites, vielleicht völlig anders geartetes, kann Sie vielleicht besser unterhalten.

Falls es bei Ihrer Reise unwichtig ist, wie viel Gepäck Sie mitnehmen, rüsten Sie sich. In einem alleine genutzten Auto ist immer Platz für eine zweite Tasche, in der Dinge sein können, die Ihnen zu Hause vielleicht unnötig oder spleenig erscheinen mögen. Und auch bei beschränktem Platz ist das eine oder andere Utensil zur Seelenpflege keine Verschwendung.

Im Laufe Ihrer Reisen werden Sie immer leichter und besser

packen können. Es ist auch nie verkehrt, wenn man seine Packliste nach der Rückkehr noch mal prüft, Vermisstes ergänzt und Überflüssiges streicht.

Für den Transport sollten Sie nur eines bedenken: Fünf kleine Taschen, Koffer etc. sind schlechter zu bewegen als zwei größere. Und für Tagesausflüge gibt es ja noch die Möglichkeit, einen Rucksack einzupacken.

4. KAPITEL:
LOSLASSEN – WELCHE PEIN

DER LETZTE ARBEITSTAG. Bei strömendem Regen schlich ich ins Büro. Das fängt ja gut an, dachte ich. Was mache ich nur, wenn es jetzt zwei Wochen so weitergießt? Wahrscheinlich werde ich dann in meinem Hotelzimmer verschimmeln.

Wie behaglich mir mein Arbeitsplatz plötzlich vorkam – aus lauter Angst vor dem Unbekannten. Ja, ich fühlte mich im Büro richtig kuschelig, wenn ich an all das Fremde dachte, das nun vor mir lag. Liebevoll betrachtete ich die vertrauten Gesichter meiner Kollegen, auch die weniger geliebten. Mein Schreibtischstuhl fühlte sich an wie mein Ohrensessel zu Hause, der wie üblich unaufgeräumte Schreibtisch wie der Hausaufgabentisch meiner Kindheit mit all dem geliebten kindischen und obligatorischen Gerümpel. Ich ging sogar noch weiter zurück, so dass ich mich am Ende wie ein Säugling fühlte, dem die Mutterbrust entzogen werden sollte.

„Quatsch!“, meinte Ego. „Stell dich nicht so an. Schließlich bist du nicht verurteilt zu längerer Verbannung auf einer verfluchten Insel weitab von der Zivilisation. Im Gegenteil: Du bist freigesprochen. Leider nur für eine von deinem Chef unerbittlich fixierte Zeit. Frei mit Punkt am Ende. Eine sehr kurze Zeit.“

„Gott sei Dank. Unheimlich frei, ja. Siehst du nicht, wie lieb die Kollegen aussehen, fast wie Freunde oder Verwandte.“

Nun reichte es Ego. Im Hinausrennen hörte ich es motzen: „Du spinnst ja total. Morgen sind wir beide endlich wir selber und an nichts und niemanden mehr gebunden.“

Ich ließ es rennen und betrachtete andächtig den Kugelschreiber in meiner Hand. Jede Rechnung wurde mir zum Liebesbrief, jede Kundenbeschwerde zur Engelsbotschaft. Besucher verabschiedete ich wie todkranke Freunde, die für immer aus meinem Leben verschwinden sollten.

Das alles nützte mir wenig, ehrlich gesagt, gar nichts. Die Zeit verrann. Zum ersten Mal sah ich, wie die großen, sonst eher lahmen Uhrzeiger wie bei einem Schnellläufer-Wettbewerb unerbittlich vorwärts stürmten.

Feierabend, da haben wir es.

Nur nichts überstürzen. Ich lud die Kollegen zu einer kleinen Runde Prosecco ein. Nur nicht gleich nach Hause gehen und dem Ernst des Urlaubs ins finstere Auge sehen.

Natürlich setzte der Abschiedschor der lieben Kollegen sofort ein: Was, ganz allein? Ich tät es nicht! Wie, ganz allein? Ich könnt es nicht! Allein als Frau? Das schaffst du nie! Und so weiter, bis die Flasche leer und die Kollegen erschöpft waren.

Das Ganze erinnerte mich an einen gemischten Chor. Die Unterstimmen wiederholten rhythmisch brummend immer wieder die gleichen stumpfsinnigen Zeilen. Darüber zwitscherten die hellen Stimmen des Soprans: Mach's gut, viel Sonne, werde schön braun, pass auf dich auf. Der Märchenprinz, vielleicht sogar der Märchenprinz …

Küsschen hier, Umarmung da, eine schweißige Hand, eine knochige Hand, ein bedauerndes Murmeln, ein frohes Kichern, noch ein letzter Schluck, dann auf und davon.

Krach. Die Tür schlug hinter mir zu. Ich trabte im Regen nach Hause und fühlte mich wie ein aus dem Nest gestoßener Vogel.

Wohnungstür zu, Licht an. In meiner Wohnung sah es aus wie kurz vor dem Umzug. Auch hier war ich schon weg, war unbehaust. Das Abendessen bestand aus Resten, die nicht verderben sollten. Ein Chaos aus übriggebliebenen Cornichons, Wurstscheiben, Käsebröckchen, Keksen, Brotresten und Butterflöckchen bewirkte ein entsprechendes Chaos in meinem Magen. Ein großes Glas Wasser stellte den inneren Frieden einigermaßen wieder her.

Die Söhne riefen an, verabschiedeten sich, mahnten streng zur Vorsicht auf einsamen Wegen. Und doch waren sie die einzigen, die mir mein Abenteuer zutrauten, mir Mut machten.

Lustlos trödelte ich in der Wohnung herum, fand keine Ruhe und keinen Auftrieb. Leer, ausgelaugt, stumpf war ich.

Und da geschah etwas. Plong! Ich fiel ins Schwarze, auch Ego – inzwischen wieder aufgetaucht – fiel mit und der süße Vogel Freiheit hinterher. Ich setzte mich in meinen Sessel und sah fassungslos meinem Fallen zu, tiefer, immer tiefer. Alle Leinen gerissen. Nur noch Bedrohliches. Das große schwarze Loch saugte mich vollständig ein.

Irgendwie landete ich dann auf dem Grund der immensen Finsternis. Die Tränen flossen sanft und warm. Bilder einer fröhlichen Familie am Strand, im Wald, in den Bergen bauten sich vor mir auf und verblassten wieder. Ich erlebte eine salzig gewürzte Dia-Show. Dabei schwemmte ich mich vollkommen aus. Die Bilder wurden beständiger, realer, ich betrachtete sie ruhiger. Am Ende war ich ganz leicht. Die Tränen versiegten mangels Masse, Vorrat erschöpft.

Schnupf! Ego, nass wie ein frisch gebadeter Hund, blinzelte mir zu. Schüttelte sich, nickte ermutigend.

„Jetzt hast du mich fast ertränkt. Gottlob bin ich ein guter Taucher, und ich kann mehr, als du denkst: fallen, schwimmen, untertauchen – und wieder auftauchen. Bis jetzt haben wir uns doch immer ganz gut aufgerappelt."

Ich verrollte mich in mein Schlafzimmer, die Angst war fort. Mir blieb jetzt nur noch der Schlaf der Erschöpfung.

Am nächsten Morgen sah ich meine Wohnung aus einiger Distanz. Ich funktionierte, „tickte" wieder richtig.

Gezielt steckte ich die letzten wichtigen Dinge ein, suchte und fand Pass, Geld und Kreditkarte, goss die Blumen ein letztes Mal und verabschiedete mich kühl von meinem Heim. Ein bisschen war es mir schon fremd geworden.

Ego kicherte leise vor sich hin und gab mir einen freundschaftlichen Rippenstoß.

„Jetzt können uns alle mal gern haben."

„Jetzt stellt es sich heraus, ob du was taugst", gab ich kritisch zurück.

Ich schleppte meine Koffer, Tüten und Mäntel in die Garage. Allein dauerte das ziemlich lange.

Oh Wunder, das Auto sprang freudig an. (Ehrlich gesagt, gar kein Wunder, denn bisher war es immer angesprungen. Doch in einer solch kritischen Situation misstraute ich dem Frieden der Technik. Oder war mein Misstrauen ein verdeckter Rückzieher?)

Raus aus der Garage, zuerst durch die vertrauten Straßen der Nachbarschaft, dann durch die weniger vertrauten, dann durch die schon etwas fremden.

Zurück durch die fremden, die weniger vertrauten, durch die vertrauten Straßen, hinein in die Garage. Verflixt, ich hatte meine Schuhe vergessen.

Das wiederholte sich noch drei Mal. Warum musste ich nur immer etwas vergessen, wenn mich niemand abfragte?

Das vierte Mal fuhr ich nicht mehr zurück. Sollten doch das Haarshampoo, der grüne Bikini und die schwarze Hose zu Hause bleiben. Ich hatte Urlaub. Unwiderruflich. Ich reiste ab.

Endlich die Autobahn. Die Stadt lag hinter mir, es war schon nicht mehr meine Stadt. Ich gab Gas, drückte mich wohlig in den Sitz und fühlte mich wie ein Pilot auf der Startbahn. Die Welt lag vor mir.

Bald darauf machte es unhörbar, aber doch spürbar: flupp! Das Seil, die innere Verbindung war gerissen wie bei einem Segelflugzeug, das aus dem Schlepp entlassen wird.

Ego tanzte einen halsbrecherischen Indianertanz.

LOSREISSEN GEHÖRT ZUM REISEN, TUT ZUERST WEH, BELEBT ABER UNGEHEUER

Lieber zu Hause bleiben, wenn man es dort schön hat – ein verlockendes Ziel. Billig, sicher, bequem. Diese Gefühle kenne ich auch. Das Thema geht weit über Urlaubsreisen hinaus. Darüber kann man ganze Bibliotheken schreiben.

Ich kenne die Trägheit, ich kenne die Ängste, auch das große schwarze Loch, das wohl keinem ganz erspart bleibt.

Meine Erfahrung: Man findet wieder heraus, denn es hat einen soliden Boden. Ich handelte mir dafür ein Gefühl der Freiheit ein, das nur vom Loslassen kommt. Kleine Freiheit – große Freiheit, kleine Reisen – große Reisen, es kommt nicht auf die Dimension an. Nur das Gefühl zählt. Den Versuch ist es auf jeden Fall wert. Ich meine, das gilt für jeden.

KATJAS KOMMENTAR

Hektische Betriebsamkeit bis zu dem Moment, wo die Tür hinter einem zufällt. Letzte Dinge sind zu bedenken und zu erledigen. Ich mache mir die Zeit leicht, in dem ich diese Dinge notiere. Jede Kleinigkeit wird auf diese Weise fixiert, denn sonst würde ich das eine oder andere am Morgen der Abreise vergessen. Und ich will doch Ordnung in die Wohnung bringen, damit das Heimkommen etwas leichter fällt.

Noch einmal kurz durchschnaufen und dann los. Klapp! Die Tür schließt sich hinter einem und vor einem ist nur noch frohe Erwartung. Was die nächste Zeit wohl bringt? Welche schönen Momente, An- und Aussichten auf einen warten? Irgendwo auf dem Weg vielleicht ein Blick auf eine einsame Brücke über einem verlassenen Kanal. Unverhofft und vielleicht gerade deswegen ein Glücksmoment.

Kein Grübeln mehr, keine bedauernden Gedanken, was man in der Urlaubszeit „Sinnvolles" zu Hause hätte erledigen können.

Die Kunst besteht darin, den Weg tatsächlich als Ziel zu sehen und ihn bewusst zu erleben. Auf dem Weg fort von zu Hause hat man Gelegenheit, die Gedanken an vielleicht zu erledigende Arbeiten hinter sich zu lassen, sich frei zu machen vom Alltag und die Schritte real und in Gedanken ins spannende Ungewisse zu lenken.

Was hindert Sie daran, zwischendurch einen Halt zu machen? Sich die Stadt am Wegesrand anzusehen, die Sie schon so lange interessiert? Oder sich andere Unterbrechungen Ihrer Reise zu genehmigen?

Spätestens jetzt ist der Zeitpunkt gekommen, sich mit Ihrer Freiheit anzufreunden. Und Ego hilft Ihnen sicher dabei.

5. KAPITEL:
WEGE – UMWEGE – ABWEGE

DIE ÄNGSTE DER LETZTEN TAGE, die Hektik der Vorbereitungen, der Abschied – das alles schien Jahre zurückzuliegen. Im Auto war es still, nur das Brummen des Motors, das Surren der Reifen. Äußere Ruhe, innere Ruhe, heitere Gelassenheit. Die erste Entspannung nach den Stürmen des Alltags und der Gefühle.

Schier endlos dehnte sich das asphaltgraue Band vor mir. Horizonte wichen zurück. Über Kontinente hätte ich fahren mögen, eingesponnen in meinen blechernen Kokon. Niemals wollte ich mehr aussteigen, immer so weiterrollen bis ans Ende der Welt.

Doch Ego holte mich wieder einmal auf den Boden der Tatsachen und ans Steuer zurück.

„Du bist verrückt", meinte es, „total daneben. Ans Ende der Welt fährt man doch nicht über die Autobahn Salzburg. Bleib hier bei mir und bei dir."

Ego hatte Recht, es war gar nicht die Ferne, die mich lockte. Es war die Freiheit, es war die maigrüne Natur, es waren die rechts und links auftauchenden und wieder verschwindenden Dörfer, auch die Berge, die sich vor mir aufbauten und vorbeiglitten.

Auch ohne Zollpassage und Wachhäuschen spürte ich die

Grenze meines Landes hinter mir – ad acta. Voll Freude öffnete ich meine Sinne für das vor mir Liegende.

Kurz danach suchte ich mir im Rasthaus einen freien Tisch am Rande der Terrasse. Ich studierte die Karte weitab von der essenden und trinkenden Masse. Kein Lotse würde mich leiten. Ich müsste mir alle Abzweigungen genau einprägen. Wie sollte das nur funktionieren? Einen Augenblick meldeten sich Zweifel. Wie oft würde ich anhalten müssen?

Klar, sooft ich wollte! Nicht einmal mehr und nicht einmal weniger.

„Ungelotst und fern der Heimat", summte ich vor mich hin.

Sehr traurig klang das Gebrumm nicht, doch schwangen leise Zweifel an meinen Fähigkeiten mit.

„Lotse hin, Lotse her. Erinnerst du dich noch an deine diversen Beifahrer, die gerade an entscheidenden Kreuzungen den Atlas zugeschlagen hatten und still vor sich hin träumten? Weißt du noch, wie deine Laune dann blitzartig umkippte? Wie deine nach Urlaubsregeln vorgeschriebene Gelassenheit einem ganz gesetzwidrigen Zorn wich?"

Ego knuffte und boxte, provozierte und räsonierte.

„Lass uns doch aus der Fahrt einen ersten Urlaubstag machen. Wenn wir ankommen, ob früher oder später, ist egal, dann sind wir schon ein bisschen wie neu."

Eigentlich richtig. Ich streckte mich gemütlich in der Sonne, bestellte noch einen Kaffee und ließ es mir wohl sein. Ich nahm den Atlas zur Hand und schrieb mit einem dicken schwarzen Stift alle wichtigen Abzweigungen auf. Das Papier wollte ich am Armaturenbrett in Sichtweite befestigen. So ein Lotse würde weder einnicken noch schimpfen, wenn man ihn wegen einer verpassten Straße anbrüllte.

Ich fuhr weiter. Kurz darauf erschien die Abfahrt „Mondsee". Der romantische Name lockte, er zog mich magnetisch weg von der Autobahn.

„Mond-See", die beiden Silben klangen zu schön, man musste sie auf der Zunge zergehen lassen.

Ich hörte den Spott meiner Freunde, gemischt mit Selbstzweifeln: Kaum fährst du ein bisschen mehr als eine Stunde, und schon bist du erschöpft. Das kann ja heiter werden. Ich empfand jedoch die zweite Rast als Rast voller Lust.

Hier war ich kurz nach dem Krieg als gerade den Kinderschuhen entschlüpftes Mädchen gewesen. Später waren wir an dem romantischen Ort immer wieder achtlos vorbeigerauscht.

Der Name hatte schon damals für mich, ein Gewächs aus rauen Zeiten der Kriegs- und Nachkriegszeit mit Bombenhagel und Flucht, wie ein Märchen, wie große Oper, wie Luxus und feine Welt geklungen. Nur eine einzige Nacht hatten wir damals in der Nähe der Festspielstadt Salzburg verbracht, deren Glanz den See mit dem romantischen Namen noch übertraf. Lange nach Mitternacht war ich damals mit meinem Bruder in den sich spiegelnden Mond hineingeschwommen.

Die Stelle war leicht zu finden. Das Auto ruhte im Schatten. Das Gefühl jener unverhofft glücklichen Stunden ergriff noch einmal von mir Besitz.

Ego räkelte sich. „Vielleicht hast du mich damals überhaupt zum ersten Mal wahrgenommen."

„Na ja, wir waren damals nicht so sehr auf Egos eingestellt. Kartoffeln klauben, Ähren lesen, Holz sammeln und auch mal klauen standen auf der Tagesordnung. Doch du hast Recht. An dem Tag damals hatte ich dich gespürt, wollte ganz einfach Mensch sein. Ich erklärte ihn spontan zum schönsten Tag meines Lebens."

Nun fiel es mir schwer, zurückzukehren – in die Gegenwart, ans Steuer, auf die Autobahn. Allerdings war jetzt Aufmerksamkeit geboten. Der rasende, dichte Verkehr forderte die ganze Frau. Am Steuer waren Träume nicht angebracht. Also schaltete ich das Radio ein. Eine Lied von Stefanie Werger sollte mich aufmuntern.

„Und dann mecht ich davonfliagn, endlich amol i selber sein."

Ja, genau, liebe Stefanie, so ist es! Ich sang den Text lauthals mit. Am Anfang ging das nur mühsam. Die Stimme knarzte und kratzte, ich sang lustvoll falsch wie ein verstimmtes Instrument. Ich habe nie glockenhell singen können. Schon in der Schule hatte ich sämtliche Gesangsstunden vor der Klassenzimmertür verbracht. Immer wieder war ich mehr oder weniger einfühlsam aus dem Unterricht entfernt worden, damit der wohltönende Chor der reinen Kinderstimmen nicht verdorben wurde.

Später hatte ich nie wieder den Mut gefunden, meine Mitwelt mit meinem Gesang zu belästigen. Sogar die Wiegenlieder hatte ich aus meinem mütterlichen Programm gestrichen, damit die lieben Kleinen nicht Schaden erlitten.

„Stoack wie a Felsn steh i heut vor dir", grölte ich mit Stefanie. „Und „mit dir möcht i alt wern", was Ego geschmeichelt auf sich bezog, von der Sängerin aber nicht unbedingt so gemeint war.

Ich schmetterte Schmachtfetzen, sang auch leise und zart, es ging mir sehr gut. Wach war ich und frisch, aufmerksam und konzentriert. Im Auto sang ich wie einer, der im Wald pfeift. Nur keine Angst! Keine Angst!

Trotz allen Hochgefühls fiel mir plötzlich ein, dass ich eigentlich Öl und Spritzwasser nachsehen wollte. Also wieder raus, abfahren, einschwenken.

Wo ist nur der Ölstab?? Bei diesem Auto hatte der Sohn bisher die liebevolle Pflege übernommen. Ich suchte lange, so lange, bist der Tankwart näher kam.

Freundlich und kaum herablassend fragte er: „Probleme, junge Frau?"

„Das Öl", sagte ich schuldbewusst, wie ich das als Frau innerhalb der Männerdomäne Tankstelle/Auto gewöhnt bin.

„Schau ich nach", meinte der nette Mann.

Suchte, suchte und fand den Ölstab auch nicht. Nur war er überhaupt nicht schuldbewusst.

„Na ja, diese Italiener", meinte er. „Wahnsinn, wie die ihre Autos zusammenschustern. Kaufen Sie sich das nächste Mal ein vernünftiges Auto, und dann finde ich den Ölstab sofort."

Ich blieb gelassen. Dann eben nicht. Versuchen wir es wenigstens mit dem Scheibenklar.

„Können Sie das einfüllen, oder soll ich wieder helfen?", fragte der Mann besorgt.

Das „wieder" fand ich merkwürdig, aber ich nickte lachend. „Schaffe ich allein."

„Nicht dass Sie glauben, ich halte Frauen für technisch unfähig. Es gibt Frauen – ich sag's Ihnen, die sind uns in diesen Dingen fast überlegen."

Der Heldengesang am Lenkrad hatte mich gestärkt, der Mondsee unangreifbar gemacht. Ich fühlte mich intakt wie selten zuvor. Weiter ging die Fahrt. Für diese Strecke braucht man normalerweise einen guten Vormittag – einen halben, wenn man Männergesprächen bestimmter Kreise Glauben schenkt, denn dort handelt man mit Fahrtzeiten wie mit Aktien an der Börse. Wie amüsant, wenn man die längsten Strecken mit den kürzesten Zeiten verbinden kann, dieselben immer wieder unterbietet und sich gegenseitig an Witz und Charme überbietet.

Meine Fahrtzeit wäre wohl für keines dieser Gespräche geeignet gewesen. Gottlob werden Frauen auch nie danach gefragt.

Kurz vor Wien hätte ich abbiegen müssen, doch ich geriet wieder auf Abwege.

„Haben Sie Wien schon bei Nacht gesehen" , sang ich gerade aus vollem Hals. Schon war ich an der Ausfahrt vorbei.

Hinein in die schöne Stadt, in das Lichtergefunkel, das Leben, hier wollte ich noch einmal auftanken, bevor ich mich auf das stille Land zurückzog.

Und so kam es, dass ich, wie am Anfang beschrieben, auf dem Heldenplatz landete und mich auch wie ein Held fühlte. Nur den Heldengesang stellte ich ein, denn außerhalb meiner Blechbüchse wollte ich nicht singen.

Weit nach Mitternacht endete der erste Tag meines neuen Lebens im Zimmer für die nächsten vierzehn Tage.

Die Begegnung mit der Vergangenheit, mit diesem Gasthaus, in dem ich oft mit der Familie den Urlaub verbracht hatte, war immerhin eine Herausforderung. Vielleicht hatte ich diesen Moment unbewusst hinausgeschoben.

Eines jedoch spürte ich genau: Der erste Tag war ein voller Erfolg gewesen.

Ego bekam einen winzigen Lorbeerkranz und die Note „Bestanden“.

ZU LANDE? ZU WASSER?? IN DER LUFT??? REISEN HEISST FORTBEWEGEN

Ohne Fortbewegung geht es nun mal nicht. Die gemütliche Sofaecke hat für ein paar Wochen ausgedient, der heimische Liegestuhl auch. Hinaus in die Ferne heißt das Motto. Bloß wie? Vielleicht fühlt man sich als Neu-Alleinreisender noch nicht ganz flügge. Die Flügel wachsen nicht von allein, also muss man sich selbst entscheiden. Natürlich für eine wie immer geartete Blechschachtel. Seit dem gescheiterten Versuch von Ikarus haben die Menschen vielerlei Fortbewegungsmittel geschaffen – ihnen zur Lust, manchmal auch zur Last.

Unter den Transportmitteln, die einen ans Ziel führen, kann man frei wählen – je nach Urlaubsziel und Geldbeutel. Wenn man das erste Mal allein auf Tour geht, sollte man besonders intensiv auf Ego hören. Das verstaut einen dann schon angemessen.

Das Auto ist ein Umweltferkel, doch dem Solo-Reisenden bietet es den höchsten Freiheitsgrad, vorausgesetzt, man sitzt gern am Steuer, fühlt sich dort sicher, scheut vor kleinen Pannen nicht zurück und lässt sich vor allem nicht von professionellen Rasern, Autofreaks und Angsthasen beiderlei Geschlechts ins Bockshorn jagen.

Mit dem Auto kann man – von Staus einmal abgesehen – sein Reisetempo selbst bestimmen, kann Schönheiten am Weg betrachten, Umwege machen und zu jeder Tageszeit reisen. Das Auto erlaubt so viel Gepäck, wie man im Urlaub für sein Wohlbefinden braucht und bietet ein kleines Stück Heimat in der Fremde. Man ist alleiniger Herr seines Fortbewegungsdranges.

Kontaktmöglichkeiten gibt es allerdings keine, es sei denn, es kracht – und wer will das schon. Kurz: Das Auto ist die ideale Einzelverpackung für egophile, fast egomane Singles. Bitte nicht schimpfen, ihr Naturschützer, auch Flugzeuge schweinigeln.

In der Großpackung Eisenbahn kommt man – wenn man unbedingt will – mit gesprächigen Reisegefährten in Kontakt. Gerade als allein reisende Zugfahrerin bekommt man ganze Lebensgeschichten serviert, wenn man ein interessiertes Gesicht zeigt. Mir wurde schon einmal ein frisch geschriebenes Drehbuch vorgelesen. Na ja!

Vorteil ist allerdings: Man braucht sich nicht um Ölstäbe, Reifendruck, Benzinvorrat und andere technische Einzelheiten zu kümmern. Das Gepäck muss allerdings etwas eingeschränkt sein, der Dienstmann früherer Zeiten ist leider ausgestorben. Am Urlaubsort ist man natürlich auch unbeweglicher. Allerdings hört und sieht man in örtlichen Omnibussen viel Interessantes über die Region. Wer mit Wartezeiten einverstanden ist, sich auf die Ziele einstellen kann, die auf diese Weise geboten werden, hat damit eine durchaus passable Art, sich allein fortzubewegen und doch nicht allein zu sein. Kurz: eine gesellige Großpackung für soziale Singles.

Das schnelle Flugzeug ist in meinen Augen das grausamste Verkehrsmittel. Schon die Abflugzeiten mancher Chartermaschinen zwischen Mitternacht und Morgengrauen sind mir ein Gräuel. Morgens um 5 Uhr allein in einer Schlange schlecht riechender, ungewaschener, unausgeschlafener Menschen auf einem trostlosen Flughafen zu stehen, reizt mich jedes Mal zur Umkehr.

Noch schlimmer finde ich, dass man in viel zu kurzer Zeit viel zu viele Kilometer weit entfernt unsanft abgeworfen wird und keine Chance zu vorzeitiger Rückkehr hat. Ganz klar: für viele Reisen ist der Blechvogel unentbehrlich, doch wer sich ängstlich zum ersten Mal allein auf den Weg begibt, sollte sich den Fluchtweg offen lassen – rein psychologisch. Kurz: die Risiko-Großpackung für routinierte, eilige Single-Reisende.

Eine längere Kreuzfahrt würde ich nicht einmal heute, nach langer Alleinreise-Erfahrung wagen, kurze, erholsame Schiffstouren jederzeit. Ich finde, es ist höchst riskant, vierzehn Tage oder länger mit immer denselben Menschen auf einem Boot eingesperrt zu sein. Manchmal kann das ja ganz lustig sein, aber ich meine, es kann auch auf die Nerven gehen, wenn man sich nicht aus dem Weg gehen kann. Und irgendwo im Hintergrund droht auch noch eventuell Seekrankheit, die ich schon gar nicht mit anderen teilen möchte.

Singles, die keinen Bedarf und keine Lust an Integration haben, stehen abseits und können nicht entrinnen. Kurz: die schwimmende Großpackung mit Platzangst- und Psychoterrorgefahr.

Rad- und Fußwanderungen ganz allein über mehrere Tage oder Wochen erfreuen sicherlich die Naturschützer, sind aber für noch unerfahrene Single-Reisende nicht ganz einfach und vielleicht auch nicht ganz erholsam. Wer es sich allerdings zutraut, vielleicht einmal mit einer kurzen Tour ausprobiert, wie man jeden Abend ein gutes Quartier findet und ohne umfangreiche Requisiten auskommt, der sollte sich getrost einmal in ein solches Abenteuer stürzen. Kurz: dies ist die verpackungslose Reiseform für Naturfanatiker – umweltfreundlich, anstrengend und erlebnisreich.

Bevor man eine Entscheidung trifft, sollte man einfach hineinhören, in sich und nicht in die anderen, sich Fragen stellen, kleine Kreuzverhöre mit Ego anstellen und diesem Zeit lassen zur gründlichen Einfühlung und Reflexion. Wenn am Ende der Weg klar vor einem liegt, dann kann es losgehen – zu Lande, zu Wasser oder in der Luft.

KATJAS KOMMENTAR

Die Entscheidung über das Fortbewegungsmittel unterliegt zunächst einmal den eigenen Präferenzen. Wer Bahnfahrten hasst, weil er keine uniformierten Schaffner erträgt, tut sicher besser daran, ein Auto oder anderes Verkehrsmittel als Reisevehikel zu nutzen.

Vielleicht ist ja auch einmal eine lange Wanderung als Urlaub schön? Hier sollte man allerdings beachten, dass man nur wenig Gepäck mittragen kann und deshalb die eine oder andere Hilfestellung für die tristen Tage (siehe 14. Kapitel) zu Hause bleiben muss.

Für jeden Reisetyp gibt es mindestens ein geeignetes Verkehrsmittel. Je ferner das Urlaubsziel, desto näher liegt der Griff zum Flugticket. Meine erste Singlereise führte mich für mehrere Monate nach Asien. Ohne die Sicherheit einer Unterkunft am ersten und allen anderen Abenden. Nur der Flug war gebucht. Heute hätte ich den Mut nicht mehr und würde sicherlich zumindest für eine Nacht im Vorfeld für ein sicheres Bett sorgen. Dennoch möchte ich diese Reise und das dabei empfundene Hochgefühl nicht missen. Es bleibt die Entscheidung jedes Einzelnen, wie er oder sie sich auf die Reise wagt – horchen Sie in sich hinein, wenn Sie das Ziel wählen. Das Reisemittel wird sich daraus fast von alleine ergeben.

TEIL 2:

WIE ES WAR, WIE ES IST UND VERMUTLICH IMMER WIEDER SEIN WIRD

GESTÄRKT BIN ICH AUS dem ersten Urlaub zurückgekehrt. Seither packt mich immer wieder die Lust, allein loszuziehen, ein paar Tage oder ein paar Wochen, in die Nähe, in die weitere Ferne – manchmal spüre ich sogar Anzeichen von Sucht. Ist eine Hürde überwunden, fällt der Sprung beim zweiten Mal leichter. Natürlich gibt es immer wieder neue Hindernisse, aber das macht es ja gerade spannend. Ich war nie ein Leistungssportler, doch diese Art von Training würde meinen Turnlehrer von früher, der nie etwas von meinen unbeholfenen Verrenkungskünsten hielt, in Erstaunen versetzen.

Mit den folgenden Kapiteln möchte ich keinen Reiseführer ersetzen, auch keine Geheimtipps von verschwiegenen Spelunken, Frauenhotels, Billigangeboten liefern. Statt dessen möchte ich lieber von meinen persönlichen Eindrücken erzählen, von Befindlichkeiten und kleinen Erlebnissen am Rande des großen Geschehens. Dabei spielt es eigentlich keine Rolle, in welchem Land, an welchem Ort sich etwas zugetragen hat. Das Erleben entscheidet. Sicherlich kann jeder bestätigen, dass man an einem Traumort todunglücklich sein und an einem Regentag irgendwo auf der Durchreise höchste Glückgefühle erleben kann. So folgten auf unbeschwerte Stunden auch schwierige Situationen, so wie sie das Leben, auch im normalen Alltag, bunt durcheinander mischt.

Bisher bin ich nicht untergegangen, sonst könnte ich nicht ohne Reue berichten.

6. KAPITEL:
VOM ANKOMMEN

ANGEKOMMEN, ABER NOCH NICHT DA. Das Zimmer, jedes Zimmer, in das ich für mehrere Tage einziehe, hat mich bisher ebenso lautlos wie deutlich abgewiesen. Heute wie damals muss ich immer noch an die Einweisung in ein Krankenhaus denken. Alles zweckmäßig. Bett – Stuhl – Tisch – Schrank, dazu Schreibtisch und Fernseher. In den Zimmern rechts und links sieht es natürlich genau so aus. An der Tür eine Nummer, der Name spielt hier keine Rolle – klar. Dafür haben mich Zahlen immer gereizt. Quersumme? Sollte eine Glückszahl ergeben. Man muss nur ein bisschen herumrechnen, dann hat man sie, auch wenn man krumme, mathematisch nicht ganz einwandfreie Wege einschlägt.

Im Hoteljargon mag es dann heißen: „Wir legen die Dame auf Nummer 17." Also doch Krankenhaus. Ich soll also gelegt werden. Jetzt lag ich aber nicht, sondern stand herum.

Da sollte ich wohnen? Wehleidige Gedanken an mein vertrautes Heim verboten sich von selbst.

Einzelzelle im Gefängnis bedeutet zusätzliche Strafe. Einzelzimmer im Krankenhaus ist Luxus. Und was ist das Gleiche im Hotel? Ein bisschen Strafe, hauptsächlich aber Luxus, wie man es nimmt. Da ich mich weder als krank noch als kriminell einschätzte, riss ich mich zusammen.

Koffer auspacken ist ein Programmpunkt, den ich immer sehr schätze. Man beginnt, den fremden Raum mit vertrauten Gegenständen zu durchdringen. Fluchtgedanken zerstreuen sich.

Also auspacken. Die heilsame Unordnung stand dem sterilen Zimmer sehr gut. Kleider in den Schrank, Toilettensachen ins Bad, Schreibzeug auf den Tisch, Bücher auf den Nachttisch, Brille schon verlegt.

Ich selbst hingelegt. So kam ich langsam an, war nur hinter meinem Auto ein bisschen zurückgeblieben. Vagabund wollte ich schon immer sein, doch es dauerte immer ein bisschen, bis sich meine Einzelteile an Ort und Stelle versammelt und zusammengefügt hatten.

Geistig, physisch und seelisch einigermaßen zusammengeleimt verließ ich gewöhnlich mein nummeriertes Zentrum und erkundete die Peripherie. Hier also bin ich gelandet, dachte ich, während ich meine Kreise durch den Ort zog. Na gut, dann eben hier. Das sind zugegeben keine sehr fruchtbaren Gedanken, aber fürs erste Warmwerden reichte es aus.

Hier der Laden mit den Postkarten, dort der Park für die kleine Runde zwischendurch, die Ausfallstraße da hinten scheint in die Natur zu führen, ans Meer, in den Wald, über Felder, Hügel, durch kleine Orte, weiter, weiter …

Halt, bremsen, nicht gleich weiter. Wo sind Caféhäuser, wo gibt es Bänke zum Ausruhen und Träumen? So pflegte ich mein Revier abzustecken wie ein frei lebendes Tier, das seinen Lebensraum markiert. Nur biss ich nicht, wenn jemand ihn mitbenutzte.

Noch war alles fremd, spannend, ich schnüffelte wie ein Hund. Neue Gerüche, neue Ausblicke, noch durch nichts verdorben, aber auch durch nichts verklärt. Alles noch ein bisschen klamm, wie ein neues Kostüm oder neue Schuhe. Es kribbelte.

Um diese Ecke noch, um die nächste, die übernächste. Zurückfinden? Kein Problem? Hilft mir jemand? Bestimmt nicht. Bröckchen streuen wie Hänsel und Gretel ist Quatsch.

Eine gurrende Taubenschar hinter sich herziehen wenig erfreulich. Lieber merkte ich mir Fassaden, Haustüren, Bäume.

Bald reichte es. Anhand der Markierungspunkte tastete ich mich in die Zentrale zurück. Erste Bestandsaufnahme abgeschlossen, Sinne noch verschlossen. Bei der Rückkehr wirkte das Zimmer meist schon vertraut, eine knappe Stunde Vergangenheit hatte hier stattgefunden, hatte sich eingenistet.

Auf dieser Basis ließ sich die Zukunft gestalten. Entspannt lesen, duschen, umziehen, auf und ab gehen, erholen. Und was noch? Ja, was noch? Urlaub zu lang?

Ich sah auf die Uhr, immer noch keine Stunde vergangen. Die innere Uhr war noch nicht auf Ferienzeit umgestellt. Der Rhythmus hieß noch Großstadt, Alltag, Stress, hastige Bewegungen.

„Langsam", mahnte Ego. „Du rennst ja herum wie ein wildes Pferd, das aus dem Stall ausgebrochen ist, weil hinter ihm alles in Flammen steht."

Auf Ego hören wollte ich zumindest auf dieser ersten Reise, also holte ich mir einen Liegestuhl, eroberte mir die Terrasse, atmete tief durch, atmete einfach so vor mich hin.

Stille … zuerst nur still, dann lebendig. Echte, lebendige Ruhe. Dann Erschöpfung. Abschalten. Allein auf der Terrasse. Ego ganz nahe bei mir. Der süße Vogel Freiheit zwitschernd über mir.

So verfiel ich in einen tiefen, traumlosen Schlaf. In einen Schlaf, der keine Ufer kannte, der mich fortriss aus dem Alltag. Lange danach wurde ich an Land gespült, kroch wie ein Kanalschwimmer ans Ufer. Desorientiert. Wo war ich?

Natürlich auf der Terrasse vor dem Zimmer, dem Domizil für längere Zeit.

Was mag wohl hinter den grünen Hügeln sein? Das Meer? Sollte ich aus dem Atlas wissen. Und was noch?

Eine neue Art des Wachseins, viel lichter als zu Hause, im Alltag. Neugier machte sich breit. Dennoch blieb ich liegen und stellte mir vor, was ich in den nächsten Tagen alles unternehmen wollte. Fast zu viel. Nur langsam, gemächlich, kein Druck.

Im Nu war die Zeit bis zum Abendessen verflogen. Danach gab es noch einen kleinen Rundgang. Nun sah alles schon anders aus. Die Sinne öffneten sich spaltbreit, und durch den schmalen Spalt fiel Licht. Wie der Lichtspalt an der Tür des Weihnachtszimmers.

Mein Gang war nicht mehr tastend. Ich schlenderte lässig herum, verlor mich in Straßen und Gässchen. Die Zeitung am Kiosk brachte mir die Landessprache näher.

Gute Nacht, good night, buona notte, meine Herberge sollte mich für die Nacht beschützen. Wovor?

Heute weiß ich, dass es meist ein wenig dauert, bis ich nach weiteren Ausflügen ganz und gar angekommen bin.

GELANDET – UND WIE GEHT ES WEITER?

Mancher kommt langsamer an als ein anderer. Mancher kommt in kleinen Teilportionen an, mancher ist froh, dass er von zu Hause entkommen ist.

Mit Partner oder Familie nimmt man immer einen Teil seines Alltags mit. Ohne fühlt sich mancher vielleicht ausgesetzt. Mancher empfindet öffentliche Beherbergungsbetriebe als kalt, grausam, abweisend. Doch wer ist „Mancher“?

Die Landung ist zunächst einmal geglückt. Dann empfiehlt es sich, die innere Uhr auf einen langsameren Gang umzustellen.

Hilfreich kann es sein, wenn man sich immer wieder vorstellt, wie das Pendel einer alten Standuhr ausschlägt – das ist nie hektisch. Auch das Bild eines Metronoms, das man verstellen kann, bringt Ruhe.

Die Neugier ist ein wichtiger Begleiter. Sie weckt alle im Alltag unterdrückten Reserven, Sehnsüchte und Wünsche. Sie treibt einen hinaus aus dem Haus. Sie präsentiert alle Möglichkeiten, die ein Urlaubsort zu bieten hat. Wie ein Luxusweibchen braucht man nur in den Preziosen zu wühlen. Ungewohnte Aktivitäten drängen sich auf. Wer Lust hat, setzt sich ihnen aus. Wer sich nicht traut, braucht sich niemandem gegenüber zu rechtfertigen.

Urlaubsfreude ist frei erhältlich.

KATJAS KOMMENTAR

Zimmertür auf, Koffer rein, klapp – Tür zu.

Koffer auf, Hausschuhe raus und dann gemütlich das Bett probieren. Einfach dem Rücken nachspüren, wie er sich nach dem Koffertransport erholt. Wenn man die Augen schließt, kann man die Stimmung im Zimmer fühlen (und Ego kommt auch mit an).

Eintauchen in einen neuen Raum. Bald jedoch packt mich die Neugier. Ein kräftiger Schwung kaltes Wasser ins Gesicht bringt die Lebensgeister zurück. Schnüffelnd nehme ich mit noch alltagsraschen Schritt die fremde Umgebung in Besitz. Niemand treibt oder läuft in fremden Tempo. Kreuz und quer, mein Orientierungssinn hat mich noch nie im Stich gelassen. Blicke in Hinterhöfe oder einfach um die nächste Ecke. Eine spannende Zeit.

So ganz nebenher entdeckt man die Infrastruktur für die nächsten Wochen. Vom Kiosk für die Kartengrüße an die daheim Gebliebenen bis zur Bushaltestelle in die nächste Stadt. Bevor man zu müde zum Genuss wird, in schon sicheren Schritten den Weg zurück in die Heimat auf Zeit.

Jetzt ist der Moment des Kofferauspackens gekommen. Und die Zeit, Informationsblätter des Hotels, des Ortes, der Museen zu lesen. Ein erster gedanklicher Urlaubsausflug, der alle Möglichkeiten offen hält.

Ein Moment voller Chancen, angenehmen Ahnungen und viel, viel Vorfreude. Auch auf eine wohlige, erholsame Nacht im jetzt nicht mehr fremden Bett.

7. KAPITEL:
ALLEIN SCHLAFEN – JA BITTE!

DER EINFACHE SAISON- ODER Urlaubsnomade reist im Zelt. Es steht auf einem umzäunten Terrain mit bewachtem Eingang, wo er des Nachbarn Schnarchtöne bequem abhören kann. Der gehobene Urlaubsnomade zieht sein Eigenheim in Form eines umfangreichen, mit vier Rädern ausgestatteten Hartcontainers hinter seinem Transportmittel her. Verweilen wirkt spießig. Rast- und ruheloses Umherziehen ist cool. Auf diese Weise kann man ein ganzes Land und noch ein paar Anrainerstaaten in einem einzigen Urlaub erledigen. Zur Kenntnis nehmen, abhaken, zu den Akten.

Der moderne Zugvogel nistet gern in Betonburgen oder Beherbergungsbetrieben, wo er sein Leben wie zu Hause fortsetzen kann. Vom 9. oder 15. Stockwerk aus hat er dann mittels eines guten Fernglases Strandblick. Wenn er Glück hat, stimmt die Realität mit den verheißungsvollen Bildern im Prospekt überein. Zum Heimatgefühl gehört auch, dass er wie zu Hause früh aufstehen muss, um ein Stück Frottee an die Stelle zu legen, wo er den Rest des Tages zu rösten gedenkt.

Der individueller gepolte Zugvogel nistet dann schon lieber in einer großen Bungalowkolonie, wo er sich als Villenbesitzer fühlen kann. Seine dicht an dicht lebenden Nachbarn kann er dann je nach Laune mittels Hund oder eigenem Stimmeinsatz verbellen oder zum Bier einladen, das er selbstverständlich von zu Hause mitgebracht hat.

Weder Nomade noch Zugvogel wollte ich sein, wenn ich mein Urlaubsquartier aussuchte. Ich wollte unbedingt ein Zimmer für mich allein, ein Refugium, einen Ruhepol im weitesten Sinne. Als Start- und Landepunkt für meine Ausflüge suchte ich kein Kämmerchen mit Hinterhofblick. Das war die Prophezeiung von Klaus-Carl und anderen Freunden gewesen.

Damals wie heute buche ich mein Quartier schon zu Hause. Auf die Auswahl verwende ich viel Sorgfalt und Zeit.

Dabei werden allein reisenden Singles hin und wieder Steine in den Weg gelegt. Vor einigen Jahren noch musste ein auf Single-Reisen spezialisiertes Unternehmen aus dem einzigen Grund aufgeben, weil nicht genügend Einzelzimmer zur Verfügung standen. Zwar gibt es auf der Welt mehr Herbergen, als Sterne am Himmel in einer klaren Nacht zu sehen sind, doch viele Hoteliers sehen ihre Gäste lieber paarweise gebündelt in ihren Betten. In punkto staatlich oder kirchlich sanktioniertes Verhältnis drücken sie dann gern ein Auge zu.

Ein Zimmer ist des Wirtes kostbarster Besitz, seine Existenzgrundlage, und daher wäre es geradezu Verschwendung, das Heiligtum mit nur einer einzigen Person zu belegen. Eltern mit ungerader Kinderzahl können ebenfalls ein Lied davon singen. Die Franzosen sind da pragmatischer. Ein (französisches) Bett wird berechnet, wie viele Menschen darin ruhen, ist nicht so wichtig.

Die meisten Einzelzimmer gibt es in den Hotels für Geschäftsleute. Mir lag es nie so besonders, in einer jener anonymen Menschen-Aufbewahrungsanstalten inmitten geschäftiger Männlein und Weiblein in strengen Blazern mit einheitlichen Aktenköfferchen meinem Urlaubsglück entgegenzuträumen.

Bei meinen Vorbereitungen fiel mir ein, dass in früheren Zeiten das gemeinsame Übernachten in einem Bett die Regel war. Im Mittelalter schliefen die Eltern mit ihren zahlreichen Kindern im selben Bett, auch wenn sie sich weitere Betten hätten leisten können. Von den Hugenottenkriegen ist überliefert, dass der siegreiche Herzog von Guise sogar mit seinem Gefangenen, dem Prinzen Condé, nach der Schlacht das Bett geteilt haben soll. Der Fortschritt zeigte sich in den folgenden Jahrhunderten in der abnehmenden Zahl der Menschen, die ein Bett miteinander teilen mussten.

Und heute? Gibt es noch Menschen, die mit einer beliebigen gleichgeschlechtlichen Person das Zimmer teilen möchten? Ja, und nicht einmal wenige. Aus Sparsamkeit? Aus Angst vor Einsamkeit? Aus dem Unvermögen, nein zu sagen? Allerdings kann diese Art von Zwangsvertraulichkeit herbe Enttäuschungen nach sich ziehen. Schließlich ist man im Schlaf schutz- und wehrlos, und daher hat das gemeinsame Nächtigen etwas sehr Intimes, das ich nicht mit jedem Menschen erleben möchte.

Im Flugzeug erzählte mir einmal eine mitreisende junge Frau von solch einer fatalen Zwangsgemeinschaft, die sicherlich ziemlich häufig vorkommt. Man hatte sie auf einer „last minute" gebuchten Pauschalreise mit einer wildfremden Frau in ein Doppelzimmer gesteckt. Die andere, das Alleinreisen nicht gewöhnt, habe sie den ganzen Tag nicht aus den Augen gelassen und sich auf allen Wegen an sie geklammert. Nachts habe ihre Zimmergefährtin dann bestimmt, wie lange gelesen oder Radio gehört werden durfte. Auch das Aufstehen, Frühstücken und Aufbrechen habe die andere resolut in die Hand genommen. Keine Chance auf Selbstbestimmung!

Welch ein erholsamer Urlaub! Meine Mitreisende wirkte völlig erschöpft. Das schöne Billigangebot ins ferne Land hatte ihr keine Freude und schon gar keine Erholung gebracht.

Das alles fiel mir bei meinen Plänen ein, und als ich ratlos und verzagt vor mich hin starrte, meldete sich Ego. Lila vor Wut und stachelig wie ein Igel zischte es: „Ich werde einen Ego-Schutzbund gründen. Jeder Köter, der zu lange vor einem Metzgerladen warten muss, genießt mehr Mitleid als wir armen Egos. Wer wundert sich, dass so viele Menschen genervt aus dem Urlaub heimkommen und ihre Mitmenschen darunter leiden lassen."

Jetzt musste ich mein Ego streicheln. Es hatte sich, solange ich denken kann, gegen diese Art von Zumutungen gewehrt. Und Recht hatte es. Wir reiselustigen Singles sollten uns selbst mehr vertrauen.

Was bleibt uns also übrig? Schlau sein, auf Ego hören! Auf keinen Fall zu Schnäppchenpreisen Gigantisches erwarten, zum Beispiel riesige Entfernungen, angebliche Superleistungen, Riesenportionen an Essen und Trinken. Menschenwürdiges wird nirgendwo verschleudert. Oft ist die nähere Ferne erfreulicher.

In kleinen Familienpensionen fühle ich persönlich mich nicht besonders wohl. Da komme ich mir vor wie ein Mensch, der zu Hause etwas vergessen hat, nämlich seine Anverwandten oder den Partner. Irgendwie fühle ich mich da unvollständig, als Randerscheinung. In größeren Hotels mit gemischtem Publikum kann man als Single gut in die Anonymität abtauchen. Man bewegt sich frei und lässt sich nur auf Gespräche ein, wenn man Lust dazu hat. Auch gibt es meistens noch ein schönes Freizeitangebot, Bade- und Wellnessbereiche. So kann man eine Menge im Haus unternehmen, wenn einem einmal nicht nach Ausgehen zumute ist.

Sehr wohl fühle ich mich auch in mittleren Gasthöfen, wo die Wirtsfamilie ein Herz für ihre Gäste hat und sie das auch spüren lässt. Ein freundlicher Gruß am Morgen, die Frage nach dem Wohlbefinden und ab und zu ein kurzer Plausch sind Angebote, die gerade einem einzeln Reisenden den Urlaub versüßen. Man fühlt sich gut aufgehoben und dennoch frei. Man kann allein sein, so oft und so viel man will und verlernt dabei nicht den Spaß an der Kommunikation.

Singles sind bestimmt keine schlechten Gäste. Sie streiten mangels Gegenüber niemals lautstark. Sie geben je nach Möglichkeit gern Geld für ihr Wohlbefinden aus. Sie beschweren sich mangels Unterstützung durch eine wortgewaltige Begleitung eher zu selten.

Ein fragender Blick zu Ego? Habe ich das nicht gut gemacht? So viele fruchtbare Gedanken auf einmal. Ganz scheint es dennoch nicht zu genügen. Es möchte noch eine geradezu revolutionäre Idee hinzufügen. Ich lasse es zu und horche.

„Die Singles sollten den Wirten entgegenkommen und wenn es geht außerhalb der Saison reisen. Dafür sollten ihnen die Wirte entgegenkommen und ihnen ihre kostbaren Doppelzimmer zur alleinigen Nutzung anbieten – ohne riesigen Zuschlag, na ja, vielleicht mit einem kleinen Ego-Zuschlag."

„Das ist doch nicht neu, das gibt es doch schon", brummte ich.

„Ja, sicher, aber sie sagen es nicht deutlich und laut genug. Man muss immer so lange herumsuchen. Ein Label ‚singlefreundlich' wäre doch was. Noch besser wäre das Label ‚menschenfreundlich', aber vielleicht ist es noch nicht so weit mit uns."

Ich musste Ego recht geben. Im Grunde ist alles nur eine Frage der Gastfreundlichkeit im Allgemeinen.

ALLEIN UND DOCH NICHT EINSAM IST BESSER ALS ZU ZWEIT UND DOCH FRUSTRIERT

Der schnelle Griff ins Internet ist manchmal ebenso verhängnisvoll wie der fluchtartige Aufbruch ins Ungewisse. Zunächst einmal ist ein bisschen Selbstvertrauen gefragt. Sich etwas zuzutrauen heißt nicht, ins Blaue zu rennen.

Unerfahrene sollten im Voraus reservieren. Dann werden sie wenigstens erwartet und höchstwahrscheinlich willkommen geheißen.

Wer sich mit einem Reisebüro anfreundet, ist auf jeden Fall gut gerüstet. Wertvolle Ratschläge und Empfehlungen mit Treue belohnen, hinterher mit einem kleinen Dankeschön von Erfahrungen berichten, zahlt sich auf jeden Fall aus.

Quartiersuche hat etwas mit Einverständnis zu tun. Keine Konzessionen. Wenn die Unterkunft zu teuer erscheint, lieber am neuesten Bikini sparen oder an der Extrakasse für exzessives

Shopping oder auch an den Reisekosten. Das Glück wächst nicht mit der Entfernung.

Im Zimmer sollte eine Sitzecke vorhanden sein, ein kleiner Schreibtisch mit Stehlampe erhöht das Wohlgefühl.

Balkon oder Terrasse, Minibar, Fernsehgerät, Radio machen einen zunächst einmal unabhängig von anderen Möglichkeiten der Unterhaltung.

Sporteinrichtungen, Fitness- und Kosmetikbereiche kann man zu zwanglosen Gesprächen nutzen. Rückzug garantiert.

Und last but not least: Langeweile stellt sich nicht ein, wenn man den Urlaub aufteilt, zum Beispiel ein Drittel in der Nähe einer schönen Stadt mit Kulturangebot, ein Drittel am Wasser, ein Drittel Rundreise oder Wanderung mit im Voraus gebuchten Quartieren. Ideal: ein Ort sowohl in der Nähe einer Stadt als auch eines Gewässers und wanderbare Natur in der Nähe.

Wichtig: So wählerisch wie möglich bleiben, die vor einem liegende Zeit schon vorab als große Kostbarkeit wertschätzen.

KATJAS KOMMENTAR

Das Zimmer ist wichtig. Ein Schutz gegen das „Böse draußen", wenn es einem denn einmal widerfährt. Wenn ein Tag unfreundlich war. Aber auch sonst ist das Zimmer das zu Hause unterwegs, noch viel mehr als daheim, weil es alle Wohlfühlecken in (normalerweise) vier Wänden beinhaltet. Wenn Sie sich beim Beziehen des Zimmers unwohl fühlen, trauen Sie sich ruhig noch mal an die Rezeption, vielleicht ist die Wandfarbe im Nachbarraum ja eine, die Sie nicht in den Wahnsinn treibt? Als Alleinreisender ist man schließlich genauso Gast wie jedes Pärchen.

Jeder Wirt möchte seine Gäste zufrieden sehen und wird nach Möglichkeit kooperativ sein.

Ein paar Schritte Platz und ausreichend Licht sollten immer vorhanden sein, da das Zimmer sonst schnell aufs Gemüt schlägt. Wenn man alleine unterwegs ist, muss man selber für die gute Laune sorgen.

Manch einer bringt seine eigenen Bilder von zu Hause mit, wobei das für Reisende ohne Auto sicher keine praktikable Idee ist und es auch keine Garantie gibt, dass a) das Bild zum restlichen Zimmer passt und b) man es dort auch aufhängen kann.

Es gibt Hotels, in denen jeder Raum eine andere Farbe hat oder einem bestimmten Künstler gewidmet ist – dann weisen Sie bitte bei der Buchung darauf hin, dass Sie auf keinen Fall zusammen mit Bildern von XY nächtigen wollen. Sie werden im Zweifelsfall besser schlafen.

8. KAPITEL:
DAS BUCH IN DER SUPPE

DA SASS ICH IN EINEM schönen Restaurant mit festlich gedeckten Tischen an einem winzigen wackligen Tischchen ohne Tischdecke und verbarg mich hinter einer sehr wichtigen Lektüre. Die lieblichen, dennoch deutlichen Düfte aus der nahen Toilette stachen mir in die Nase. Der vornehme Ober näherte sich, sah mich drohend an und entfernte sich ohne ein Wort der Begrüßung. Verzweifelt versuchte ich, mich damenhaft und dennoch deutlich bemerkbar zu machen.

Er bediente ungerührt an den festlich gedeckten Tischen. Mich beachtete er nicht.

Mir knurrte der Magen, meine ausgedörrte Zunge klebte am ebenso trockenen Gaumen. Die Toilettentüren schwangen hin und her und versorgten meine empfindsame Nase mit immer neuen Gerüchen. Verzweifelt ruderte ich ganz konträr zu meiner guten Erziehung mit den Armen.

Der feine Herr näherte sich. Ich bestellte und bekam nach geraumer Zeit zwei Suppen und zwei Gläser Wein. Als ich den Ober in internationalem Touristen-Kauderwelsch zur Rede stellte und ihm mitteilte, dass ich nur ein einziges Menü bestellt hatte, packte er mein Buch und warf es mit elegantem Schwung in die zweite Suppe.

Da erwachte ich mit einem lauten Schreckensruf. Gottlob war

es nur ein Alptraum gewesen, die Quintessenz der Unkenrufe meiner Freundinnen kurz vor der Abreise. Sie meinten immer noch, dass eine allein reisende und essende Dame vor die Toilettentür gehörte – gesehen durch die Brille aller vornehmen Oberkellner dieser Welt.

Auf meinen Solo-Reisen habe ich niemals vor einer Toilettentür gesessen, eher auf luftigen Terrassen, selten einmal in stark verrauchten Lokalen. Doch immer wieder habe ich allein reisende Frauen beobachtet, die ein Gesicht zogen, als hätte man ihnen den weltweit miesesten Platz zugewiesen.

Hin und wieder packte mich dann die Lust, ihnen zuzuflüstern: „Hallo, Sie, Frau Nachbarin! Warum schauen Sie denn so schuldbewusst drein? Warum sitzen Sie nur auf einer Ecke Ihres Stuhls? Sie sehen so aus, als hätten Sie Hunger und Durst. Dann sollten Sie hier etwas essen und trinken. Hoffentlich wollen Sie nicht nur den gröbsten Hunger stillen, sondern genüsslich speisen. Ohne Freundin, ohne Mann – einfach so. Dann speisen Sie doch! Sie dürfen auch gern einmal zu mir herüberschauen. Ich würde Ihnen gern zulächeln und Ihnen einen guten Appetit wünschen, falls Sie meine Sprache verstehen, und wenn nicht, dann verstehen Sie sicherlich mein Lächeln."

Ich weiß sehr gut, wie wohl es tut, wenn man freundliche Blicke erhält. Früher hatte ich im Restaurant immer ein Buch dabei und tat so, als müsste ich sehr intensiv studieren. Dann hat mir aber das Essen nicht mehr geschmeckt. Eine glatte Beleidigung für den Koch! Heute brauche ich diese Krücke nicht mehr. Ich sitze in voller Breite auf meinem Stuhl, konzentriere mich auf das Essen und lasse mir dafür viel Zeit.

Ich habe schließlich Urlaub, der Abend ist mild und über mir glitzern Sterne. Ein Supergefühl! Übrigens stört es mich kein Bisschen, wenn der Ober fragt, ob noch jemand kommt. Nein, sage ich ihm freundlich lächelnd und ganz offen, ich wünsche allein zu speisen.

Zugegeben, ich erinnere mich noch deutlich an die Zeiten, als ich wie ein hungriger Köter durch die Straßen zog. Ich drückte meine Nase an den Fenstern platt, beneidete die drinnen und fühlte mich draußen. Auf Terrassen Platz zu nehmen fiel mir relativ am leichtesten. Hier fand ich meinen Einstieg in die Solo-Ess-Kultur. Wenn es regnete, suchte ich mir am Anfang immer Lokale, in denen viele Berufstätige aßen. Dort fiel ich nicht auf. Heute habe ich mit dem Thema kaum noch Schwierigkeiten. Die ganz Jungen haben sie sowieso nicht, doch manchmal verbirgt sich auch bei ihnen unter der kessen Schale ein schüchterner Kern.

Ich persönlich meide auf meinen Alleinreisen allerdings immer noch einige Etablissements. Hinausgeworfen wird man heute nicht mehr, aber ich fühle mich nicht wohl. Dazu gehören die so genannten exklusiven Restaurants, in denen noch der kleinste Hilfskellner sich wie höchster Adel gebärdet. Exklusiv wird dort wörtlich als ausschließend gedeutet. Ich will aber rein!

Kneipen in einigen südlichen Ländern, in denen die Männer gern unter sich sind, muss ich nicht unbedingt betreten. Die dort Anwesenden würden einen höchstwahrscheinlich nicht ausschließen wie der adelige Hilfskellner. Ich selbst fühle jedoch, dass ich dort nicht hingehöre. Kein geeigneter Platz für ein gesundes, selbstbewusstes Ego.

Diese Gedanken beschäftigten mich an einem Urlaubsabend am Meer.

„Ist der Platz hier frei?" Eine angenehme weibliche Stimme riss mich aus meinen Träumereien. Ich zuckte zusammen. Wieder einmal hatte ich mich aus der Realität entfernt, war ungestört meinen Ideen nachgehangen.

„Ja, bitte", stotterte ich.

Die Frau, die sich jetzt an meinen Tisch setzte, strahlte ruhige Gelassenheit aus. Nach einer Weile prosteten wir uns zu. Kamen allmählich ins Gespräch.

Als wir uns zu später Stunde, weit nach Mitternacht, trennten, hatten wir nicht nur unsere Biografien ausgetauscht, sondern Gott und die Welt, die Politik sowie erfreulichere Dinge besprochen. Zum Schluss verabschiedeten wir uns mit vielen guten

Wünschen. Wir verschwanden in unterschiedlichen Richtungen im Dunkel der Nacht.

Kein Name war gefallen, keine weiteren Treffen waren geplant. Keine Verpflichtungen. Nur ein schöner Abend. Der Vogel Freiheit tirilierte auf dem Weg ins Hotel in den schönsten Tönen.

Erlebnisse dieser Art habe ich nicht häufig gehabt, aber immer wieder einmal. Sie gehören eigentlich in das 15. Kapitel, „Höhepunkte".

Immer wieder waren es Frauen, die sich auf einen freien Platz an meinem Tisch setzten. Sie erzählten freimütig ihre Geschichten und hörten auch mir voller Interesse zu. Es fanden keine Strickstrumpf- und Küchengespräche statt, wie Klaus-Carl jetzt sicherlich ironisch anmerken würde. Es waren vertraute, aber keineswegs vertrauensselige Gespräche.

Und wenn ein Mann sich dazugesetzt hätte? Sicherlich hätte er sich verpflichtet gefühlt, eine milde Form von Anmache zu starten. Er hätte gewohnheitsgemäß vorausgesetzt, dass jede Frau so etwas von ihm erwartet. Auch wenn er gar keine Lust dazu gehabt hätte. Doch spielt er die ihm anerzogene Rolle, weil er sich darin am sichersten fühlt.

Ein kleiner Flirt zur Suppe, ein etwas heftigerer zum Hauptgang, gefolgt von ein paar lockeren Komplimenten zum Dessert. Ja, das macht Spaß, das kann ein zauberhaftes Spiel sein, das in ein Spielchen mit dem Feuer münden könnte. Wenn das Ganze jedoch zur Pflichtübung gerät, dann wird es ungenießbar.

Nur ungern sehe ich mein lebendiges Fleisch auf seinem Teller, dann schon lieber mein Buch in meiner eigenen Suppe.

SPEISEN BEIM REISEN GELINGT AUCH ALLEIN

Ich esse nicht allein! Ich nehme lieber irgend jemanden mit. Das höre ich oft. Und wenn der Jemand (kann auch eine die sein) schmatzt, schlürft, kleckert oder ständig meckert?

Dann doch lieber ohne.

Gepflegtes Aussehen gibt Sicherheit. Ober und Wirte sind generell keine Rausschmeißer. Schließlich bezahlt auch der Einzelne.

Bedienungen freuen sich über ein Lächeln. Freundlichkeit ist keine Einbahnstraße.

Buch oder Zeitung hilft manchmal als Krücke, wenn man meint, alle starren einen an. Wer die Meinung geändert hat, kann die Krücke wegwerfen. Dann verwandelt sich die Lektüre vom Notbehelf zum angenehmen Zeitvertreib.

Keiner ist so wichtig, dass die anderen Gäste nur kommen, um sich über allein reisende Damen zu amüsieren oder Bemerkungen zu machen.

Ein Solo-Mahl schmeckt am besten, wenn man es ganz systematisch mit erfreulichen Gedanken würzt.

KATJAS KOMMENTAR

Ein Abend in einer fremden Stadt. Das Lokal, in das ich seit längerem gehen wollte, war unglaublich voll. Die Frage war also: aufgeben oder dazusetzen? In München eine Selbstverständlichkeit, aber hier? Ich entschied mich fürs Dazusetzen. Die großen Tische waren wohl auch dafür gedacht.

Die Gruppe am Tisch gewährte Platz und anschließend Ruhe. Regionale Köstlichkeiten auf der Karte, von einem flinken Kellner serviert. Bis dahin schrieb ich eine Karte und bekam nach dem Essen vom aufmerksamen Kellner noch eine des Hauses. Eine überraschende Freundlichkeit. Als ich noch einen Schoppen bestellte, zahlte die Gruppe neben mir. Die nachrückenden Gäste bekamen ihren Wein gleichzeitig mit mir und aus dem gemeinsamen Antrinken entwickelte sich ein wunderschöner, sehr lustiger Abend. Wir alle gingen später nach Hause als ursprünglich geplant.

An diesen Abend denke ich immer dann, wenn mir das Essen alleine einmal nicht schmecken will.

Es liegt mir nicht, verschüchtert in der Ecke an einem kleinen Tischchen zu sitzen. Wer gerne kocht, wird den gebotenen Küchenkünsten den nötigen Respekt zollen und ihnen auch die verdiente Aufmerksamkeit schenken. Es ist schön, beim Essen den Gedanken nachzuhängen und vielleicht auch die eine oder andere Szene im Lokal zu beobachten.

Wenn Sie unsicher sind, können Sie ja immer noch als „Notnagel“ ein Buch mitnehmen – zumindest für die Wartezeit, bis die Suppe kommt. Es wird sicherlich nicht jeden Abend gelingen, völlig entspannt und glücklich alleine im Lokal zu speisen, man sollte nur nicht aufgeben und es immer wieder probieren.

9. KAPITEL:
WIE WOHL IST MIR AM ABEND?

„IN DER NACHT IST DER MENSCH nicht gern alleine, denn die Liebe … hmhm lala", summte ich vor mich hin. „Ach Ego, hilf mir, wie soll ich nur über die unendlichen öden Abendrunden kommen – egal ob mit oder ohne Liebe und Mondschein?"

„Du bist nur ein bisschen ungeübt, unbegabt bist du nicht. Hättest dich eben früher drum kümmern sollen."

Wozu der Vorwurf?

„Meinst du, wir müssen eine nächtliche Notgemeinschaft gründen?"

„Not höre ich gar nicht gern. Da kann ich verdammt unangenehm werden", murmelte Ego und probte gleich einmal einen höchst unangenehmen Schrumpfprozess.

„Nein, nicht jetzt", flehte ich. „Meine Freundinnen haben mich in dieser Angelegenheit schon komplett im Stich gelassen. Sie würden schon einmal allein wegfahren, sagten sie, aber die Abende … Wenn die Schatten länger werden, wenn sich die Menschheit in trauter Geselligkeit in Weinstuben und Gaststuben, in Biergärten und Heurigen, in Bars und Discos, in Tanzpalästen und auf Caféterrassen zusammenfindet, dann sei der Single ein armer Teufel und vom Zwangsfrust bedroht."

„Keine Chance?", fragte Ego augenzwinkernd.

„Nein, keine Chance", antwortete ich streng. „Angeblich sind alle Single-Abende anthrazitgrau, düster und unendlich langweilig."

„Sag das nicht noch einmal", lachte Ego. „Wofür hältst du mich eigentlich? Bin ich vielleicht anthrazitgrau, düster und unendlich langweilig?"

„Nein, du bist schon ganz in Ordnung. Ich zweifle ja nur an meinen Fähigkeiten, deine Fähigkeiten richtig umzusetzen."

Ego strahlte, räkelte sich selbstbewusst und wurde richtig breit.

„Dann werde ich dir helfen. Was ist ein Abend?"

Ich zuckte die Achseln. Langsam musste ich auch lächeln.

„Ist schon recht, mach nur weiter mit deiner Belehrung."

„Also, du weißt es ja, es ist das Ende eines Tages."

„Hältst du mich für bescheuert?"

„Nein, eben nicht. Ein Urlaubsabend schließt einen hoffentlich gelungenen Tag der Entspannung, der Freude, der neuen Eindrücke ab. Kannst du mir folgen?"

„Klar. Beeil dich. Du weißt, ich habe Angst vor Langeweile."

„Wenn du Angst davor hast, dann langweilst du dich am besten zu Hause. Ist billiger."

„Du meinst, ich soll die Zeit nützen, nachdenken, nachklingen lassen, etwas notieren, Briefe schreiben, meditieren, entspannen? Und wenn ich mich lieber zerstreuen möchte?"

„Du könntest dich ja auch einmal sammeln, dich konzentrieren. Ist gut für die grauen Zellen."

„Vielleicht will ich Ablenkung???"

„Ablenkung wovon? Vom Urlaub? Du solltest dich lieber auf etwas Angenehmes hinlenken. Und wenn es nur dein schwächelndes Ego ist."

„Kann sein, dass mir das manchmal nicht genügt. Immer nur in mir drin und nur für mich."

„Mach dir keine Sorgen. Wenn etwas in dir steckt, dann fällt dir auch was ein."

„Und wenn nichts in mir steckt?"

„Dann bleib zu Hause und lass dich weiter ablenken, bis du

dich selbst nicht mehr erkennst, wenn du dir zufällig einmal begegnest. Bei der Begegnung stehe ich aber nicht zur Begrüßung bereit. Denn dann bist du längst schon innerlich tot."

Dieser „Dialog" mit Freund Ego fand vor meiner ersten Solo-Tour als Single-Frau statt. Er wiederholt sich in veränderter, auch abgeschwächter Form heute noch vor jeder Reise.

Eigentlich sind die Abende für mich schon längst kein Thema mehr, doch immer wieder einmal packt mich die Angst des Stabhochspringers vor der Messlatte.

Wohin also am Abend? Sich wegräumen, aus der Gesellschaft der Duos und der Multis davonschleichen? Stört der Anblick eines Einzelexemplars? Warum eigentlich? Die haben doch nichts davon, wenn ich versauere. Ich auch nicht. Im Grunde ist es ihnen ganz egal, ob ich meinen Abend in ihrer Nähe verbringe oder nicht.

Die Argumente rufe ich mir immer wieder ins Gedächtnis, wenn ich meinen Abend plane. Eines vermeide ich jedoch auch noch nach langen Jahren der Erfahrung: Ich lasse mich nicht einfach so hineintrudeln. Lieber helfe ich meiner Fantasie ein bisschen auf die Sprünge.

Nur ungern gestehe ich mir nach dem Abendessen ein, dass mir nichts einfällt. Wenn die Kräfte mit dem Verdauungsvorgang beschäftigt sind, stellt sich bei mir oft eine Gehirnöde ein. Der Kopf sieht mitleidig auf den Bauch hinunter und hat einfach keine Lust, über weiteres Wohlbefinden nachzugrübeln.

Also, lieber Kopf, ich nehme Rücksicht. Ich lasse dich die Arbeit in wacherem Zustand erledigen. Nach dem Frühstück, beim Baden oder sogar schon in der Nacht zuvor, wenn ein gelungener Urlaubsabend zu Ende geht. Dann hat er die besten Einfälle.

Mit dem Abend Freundschaft schließen, ja, das ist es. Richtig herzliche Freundschaft, in sanfter Stimmung. Wenn die Hitze des Tages abflaut oder die grauen Regenwolken am dunklen Himmel unsichtbar werden, verliert der Tag mit den schwindenden Stunden an Gewicht.

Ich ging dabei immer nach einem bestimmten Plan vor: Auf einem meiner Lieblingsplätze, die ich mir in den letzten Tagen schon erkoren hatte – sei es auf einer Terrasse, auf einer Bank am Waldrand oder am Wasser – genoss ich dann das alte und doch immer wieder neue und faszinierende Schauspiel, das die Sonne mit den Wolken aufführt. Es war immer wieder hervorragendes Theater, das sich mir auf meinem Logenplatz bot. Ein letztes Aufglühen des Himmels, die Pastellfarben, die schließlich in abgestufte Grautöne übergingen. Das war dann immer der Moment, in dem ich meinen Gefühlen erlaubte auszuklingen und meinem Tag eine Krone verpasste – je nachdem einmal schlicht, einmal reich verziert.

Dann kramte ich mein Wunschpaket hervor und musterte es kritisch. Ein paar große und kleine Wünsche hatte ich immer dabei, Wünsche, die im Alltag immer wieder beiseite geschoben, jedoch von Ego sorgfältig archiviert worden waren.

Meine Wünsche fingen gewöhnlich an mit Gedanken wie: Einmal in Ruhe …, und schon knisterte es! Ins Kino gehen, in der Hotelbar sitzen, ein Buch lesen, Briefe schreiben, durch den Ort, die Stadt schlendern, mich am abendlichen Corso beteiligen. Man kann sich auch einmal mit Dingen beschäftigen, die außerhalb des beruflichen Umfelds liegen und die im Alltag immer wieder zu kurz kommen.

Halt! Nur keine Hektik. Ich hatte beinahe vergessen, dass der Abend die Krönung sein sollte, die Erholung sollte nicht zu kurz kommen. Ich beschloss, das Rohmaterial klug zu bearbeiten. Auf einen Tag der Besichtigungen, nach einer langen Rundfahrt, nach einem Volksfest, einem Markt, nahm ich mir einen Abend der Besinnung vor. Nachlesen, nachspüren, in Gedanken noch einmal alles durchgehen. An solchen Abenden war ich ganz und gar auf Empfang eingestellt und blieb dabei. Das waren dann die Stunden für das Radio, die Briefe, das Tagebuch.

Doch es gab auch immer wieder verregnete Tage oder stille, graue Tage in jeder Hinsicht. Für die Abende danach dachte ich mir immer etwas Extrafeines aus. Mein permanentes Kinodefizit wurde an solchen Abenden abgetragen. Konzerte, ob klassisch, ob rockig oder jazzig bringen auf andere Gedanken, und wenn gar nichts anderes „los“ war, tat es auch der Besuch einer nahe gelegenen Stadt. Überall auf der Welt gibt es etwas zu sehen und zu erleben. Die Abende hatte ich schon vorher in die Wahl meines Ferienziels einbezogen. Mit schlimmen Enttäuschungen hatte ich deshalb nie zu kämpfen.

Wie schön ist es immer, nach einem Faultag am Strand oder nach einer langen Wanderung durch Wald und Feld noch etwas Anregendes für Geist und Seele zu unternehmen.

Sicherlich habe ich auch Tage erlebt, an denen mir absolut nichts einfallen wollte. Dann stellte ich mir die Frage, was ich denn absolut nicht allein unternehmen möchte. Es kam nie viel zusammen. Zum Beispiel mochte ich nie allein in einer Bauernschänke oder Kneipe sitzen. Allein in einem lauten Biergarten sitze ich auch nicht gerne – ich mag Biergärten sowieso nicht sehr. Mit den Nachtclubs oder Discos habe ich es auch zu Hause nicht so sehr. Alles andere steht mir offen, ich muss es nur wollen oder mich trauen. Dazu musste ich mich manchmal ein bisschen schubsen. Aber schadet das? Nein!

Manchmal fragte ich mich auch, was ich jetzt wohl zu zweit täte? Wahrscheinlich mit dem Urlaubspartner plaudern oder spazieren gehen oder ins Kino gehen …

Natürlich kann ich das meiste allein, nur mit dem Plausch ist es allein ein bisschen schwierig. Ich denke, dass sich mancher Hotelbesitzer oder Gastwirt vielleicht in einen wirklichen Gastgeber verwanden könnte, indem er allein reisende Damen mit freundlicher Geste auffordert, abends in die Bar zu kommen.

Eigentlich bin ich eher schüchtern, aber ich kam mir immer wie ein stolzer Pionier vor, wenn ich mich unter einigen erstaunten Blicken – von Damen und Herren – dorthin setzte, wo es mir gefiel. Die Leute gewöhnen sich ja auch allmählich daran, das ist anders als noch vor zwanzig Jahren.

Ein bisschen Mut gehörte damals dazu, heute immer noch, wenn auch ein bisschen weniger. Und doch stelle ich mir immer wieder vor, wie belebend es für Paare wie für Singles wäre, wenn sich die Menschheit, so wie sie zusammengesetzt ist, ganz zwanglos zum Gespräch zusammensetzte – ohne Aufdringlichkeit und ohne Scheu.

In einer Großstadt wie München gibt es mehr als 50 Prozent Single-Haushalte. Wo sind die alle im Urlaub?

Manchmal habe ich in größeren Hotels an einer fröhlichen Kartenrunde teilgenommen. Wenn sich das nicht anbot, dann spielte ich gern auch allein.

Den Tag begrüßen, sich auf den Abend freuen – das ist manchmal nicht so einfach. Erlernen kann man diese Art von Lebenskunst allemal. Wer auf den Lehrer wartet, ob in Gestalt eines Partners oder eines Freundes, einer rührigen Kurverwaltung oder sonstiger unerwartet günstiger Umstände, versäumt oft die ganze verfügbare Zeit und kehrt gesenkten Hauptes an den Schreibtisch zurück. Letztendlich steckt der Lehrer in uns, wacht und schläft mit uns und ist immer verfügbar. Wenn er verschläft, kann man ihn mit einem Lächeln wecken.

NACHTIGALLEN HABEN'S NICHT SO SCHWER, WIE LERCHEN MEINEN

Wer nicht so gern früh aufsteht, wer lieber die Nächte genießt, ist nicht per se unglücklich, wenn er alleine ist. Der Lebensrhythmus eines Nachtmenschen ist ebenso heilig wie der eines Frühaufstehers, der sich oft moralisch im Recht fühlt.

Das Gewicht der Stunden nimmt gegen Endes des Tages deutlich ab, das kann jeder nachvollziehen, wenn er will.

KATJAS KOMMENTAR

Der Abend eines langen, bereichernden Urlaubstages lädt zum Feiern des Erfolges ein. Für Singles gibt es wunderschöne Aktivitäten zur freien Auswahl.

Natürlich gibt es Tage, an denen die Laune nicht so mitspielt. Dann sollte man das Kapitel über den anthrazitgrauen Tag nachlesen und ein kleines Lächeln probieren.

Verliebt in den Urlaubsabend, beschwingt in die geruhsame Nacht – so schön ist das Leben!

Gehören Sie zu den Alleinreisenden, die hinter jedem Blick Mitleid wähnen? Oder darüber nachgrübeln, was irgendwelche fremden Menschen auf der Straße von Ihnen denken? Falls Sie diese Fragen mit „Ja“ beantworten, habe ich folgende Bitte:

Überlegen Sie sich einmal, ob Sie in Ihrem Alltag Zeit und Muße haben, jeder Person, die alleine durch eine Stadt läuft, Mitleid hinterherzuschicken. Die Antwort wird meist „Nein!“ sein.

Erinnern Sie sich bitte an diese Frage, wenn Sie unsicher bei Ihrer Abendgestaltung sind. Warten Sie mit der Planung nicht, bis die – vielleicht trübe – Abendstimmung akut wird. Egal wo Sie sind, informieren Sie sich im Vorfeld (per Internet oder über die Touristikinformation) und auch bei Ihrer Ankunft (im Hotel liegt sicher ein Veranstaltungskalender auf) über die Veranstaltungen der Gegend, Öffnungszeiten der Museen, Konzerte, Theater und das Kinoprogramm. Nehmen Sie alles mit, auch wenn Ihnen zu Hause der Sinn gerade nicht nach Museum steht. Sie können nie vorher wissen, wie Ihre Stimmung sein wird.

Horchen Sie in sich hinein, ob Sie lieber etwas „Normales“ oder „Verrücktes“ tun wollen. Was Sie darunter verstehen, ist im Grunde egal, da wir ja nicht für alles eine Schublade brauchen.

Wenn Sie in sich hineinhorchen, werden Sie Dinge finden, die sich so anhören: „Ich will schon ewig mal xy tun.“

Was also hindert Sie daran, die Ewigkeit auf heute Abend zu verlagern? Spontan fällt mir da nur das Wetter für Outdoor-Vorhaben ein.

Sie werden also viele Möglichkeiten haben, die Sie also schon bei der Auswahl Ihres Urlaubsortes berücksichtigen sollten.

Und nun: Viel Vergnügen für beschwingte und auch besinnliche Abende.

10. KAPITEL:
PAARE UND UNPAARE

IMMER WIEDER MUSS ICH an meine Freundinnen, aber auch an meine Freunde denken, die auf keinen Fall solo verreisen, weil sie sich nicht gern als Einzelstück unter Paaren aufhalten. Sei es, weil sie den eigenen verflossenen oder auch nur gegenwärtig nicht greifbaren Partner vermissen oder weil sie sich im Urlaub mit einem solchen ausrüsten möchten – für kürzere oder längere Zeit. Sogar sehr selbstbewusste (Karriere-)Frauen werden mitunter angesichts zahlreicher Paare sehr kleinlaut.

Mir erging es anfangs nicht anders, bis ich endlich so weit war, voller Vergnügen meine Entdeckungen zu machen.

Dass die Urlaubswelt mit Paaren gespickt ist, stimmt. Paare, wo man hinschaut, Paare bis zum Horizont und darüber hinaus. Im Restaurant speisen sie, am Strand liegen sie, im Café plaudern sie – auch Doppelpacks oder Tripelgruppen sowie Paare mit den mehr oder weniger zahlreichen Erzeugnissen ihrer Betätigung als Paare.

„Jetzt schau sie dir doch mal genau an", mahnte Ego, „die Welt der Paare ist so bunt und vielfältig wie die Welt der Einzelstücke. Glaub doch bloß nicht, dass bei denen immer der Himmel voller Geigen hängt."

Pair und impair fiel mir ein, und ich dachte dabei nicht unbedingt nur an einen Gewinn im Glücksspiel. Wie ein irrendes

Elektron bewegte ich mich in dieser Welt aus Doppelwesen und entdeckte bei näherem Hinsehen eine ganze Menge Unpaare.

So saß links von mir am Tisch im Restaurant meines Hotels immer ein Paar mittleren Alters. Die beiden schwiegen beharrlich, man hörte nur leises Messerkratzen. Kein einziges Wort war tagelang gefallen. Irgendwann, irgendwo hatte ihr Dialog – so jemals gepflegt – wohl einmal ein Ende gefunden. Vielleicht war der Raureif der Gewohnheit auf ihn gefallen. Vielleicht hatte es einen finalen Krach gegeben. Vielleicht bestand kein Bedarf. Vielleicht verließ man sich zu Hause auf den Talk auf der Mattscheibe. Schön waren sie anzusehen in ihrer gestylten Starrheit. Sie sahen aus, als hätten sie sich aus einem Plakat für exklusive Düfte gelöst, um für kurze Zeit dreidimensional zu leben. Jede Bewegung war makellos, man speiste gemessen. Undenkbar, dass ihnen nur das kleinste Bröckchen von der Gabel fallen könnte. Mich grüßte man ebenso gemessen wie das Paar am übernächsten Tisch. Wie mag wohl ihr „Gute Nacht" oder „Guten Morgen" bemessen sein? Reichlich? Überschwänglich? Wohl kaum.

Eine Woche später fiel mir ein neu angekommenes, sehr altes Ehepaar auf. Die Frau zart wie ein Pinselstrich, der Mann eisgrau, leicht gebeugt. Sie hatten nur Augen füreinander. Ihre Welt war in sich abgeschlossen. Auch sie schwiegen viel, doch ganz anders. Ihre Augen und ihre Hände waren so ausdrucksvoll, so gesprächig, dass ihr zärtlicher „Dialog" bis an meinen Einzeltisch durchdrang. Er war mir angenehm, berührte mich körperlich, brachte Saiten in mir zum Schwingen. Von nun an freute ich mich jeden Abend auf die beiden, und ich sah ihnen voller Genuss zu, wenn sie später noch in der Hotelbar selbstvergessen miteinander tanzten.

Eher unangenehm fiel ich beim Frühstück in einem Frauenhotel auf. Zwei junge Mädchen, sehr verliebt, sehr fürsorglich miteinander, beantworteten meinen morgendlichen Gruß eher streng, ja sogar ein bisschen abweisend. Auch an den folgenden Tagen wurde ich ziemlich kühl begrüßt. Vielleicht verdächtigte man mich des Umgangs mit Männern?

Ganz anders erging es mir in einem italienischen Hotel. Am Nebentisch saßen allabendlich zwei sehr gut aussehende Römer. Auch sie ganz offensichtlich ein Paar. Ein fröhliches, überaus höfliches Gespann. „Buona sera, signora", schmetterten sie mir stets entgegen. Das Wort „Signora" klang ein bisschen wie „Königin", jedenfalls respektvoll. Es tat ihnen Leid, „mi spiace", dass sie mir durch die unglückliche Sitzordnung den Rücken zukehren mussten. Mir wiederum tat es Leid, dass ich nicht ausreichend italienisch sprach, um mit ihnen wenigstens ein paar Sätze austauschen zu können. Dennoch entspann sich sechs Abende lang ein fröhlicher, entspannter, wenn auch spärlicher Dialog. Am siebten Abend waren sie dann abgereist. Sie fehlten mir ein wenig.

In einem nordafrikanischen Hotel fiel mir ein Paar meines Alters auf. Die beiden nahmen keine Notiz von ihrer Umgebung. Sie grüßten nur flüchtig in die Runde. Sie strahlten Harmonie aus. Angeregt unterhielten sie sich miteinander, genossen das gute Essen und den Wein ganz offensichtlich. Dennoch stimmte etwas nicht mit ihnen. Ich spürte es. Die Frau verjüngte sich von Tag zu Tag, erholte sich sichtlich. Je schöner sie wurde, desto zärtlicher griff er nach ihrer Hand, ließ sie immer länger bei ihr. Anscheinend kannten sie sich schon lange.

Eines Abends war die Frau nicht mehr da. Er saß verlassen herum. Lustlos stocherte er im Essen, ließ die Hälfte stehen, trank den Wein nicht zu Ende. Später auf der Terrasse kamen wir ins Gespräch. Ich fragte möglichst wenig neugierig nach dem Verbleib der Frau. Der Mann ergriff gern die Gelegenheit, über seinen Kummer zu sprechen. Er erzählte, sie hätten soeben den ersten Urlaub nach langer Zeit gemeinsam verbracht. Sie seien seit vielen Jahren getrennt, die Kinder erwachsen, ja, sie seien Großeltern – wenn auch getrennte.

Gern hätte ich mehr über die beiden erfahren, doch der Mann hatte wohl schon zu viel über Gefühle gesprochen. Höflich verabschiedete er sich.

Später sah ich ihn vom Balkon aus mit ein paar Einheimischen am Strand sitzen. Ich erlebte von Ferne eine rauchende, lachende, ausgelassene Männerkumpanei.

Szenenwechsel. Am Strand. Ich lag auf meinem Badetuch und döste friedlich vor mich hin. Schon seit einigen Tagen hatte ich ein Paar in den Dreißigern beobachtet, denen nichts recht war. Ihr Wehklagen über das Essen, die Bedienung, das Klima, den Sand, das Meer waren perfekt aufeinander abgestimmt. Den ganzen Tag über tönte ein höchst monotoner Wechselgesang zu mir hinüber. „Zu kalt." – „Zu heiß." – „Zu dreckig." – „Zu steril." – „Zu langsam." – „Zu schnell." – „Zu laut." – „Zu leise." – „Zu hässlich." – „Zu schön."

Vorüberspazierende Einheimische, Touristen, Kamele, Hunde, Kinder wurden sofort in die permanent ablaufende, gebetsmühlenähnliche Bewertung einbezogen. Wie Ping-Pong-Bälle flogen die Benotungen hin und her. Perfekt, nur nicht sehr aufbauend.

Ich stellte mir die beiden im heimischen Wohnzimmer vor. Ob das Fernsehprogramm ihren „Dialog" manchmal unterbrechen konnte? Ob sie sich schon ein Urteil über mich gebildet hatten? – So etwas wie „Emanze." – Oder: „ Kein Wunder, dass so etwas allein herumrennt und gierig nach was Männlichem sucht." – „Wahrscheinlich schaut sie auch nach Kerlen aus, die sie anderen ausspannen kann." – „Blöde Kuh." Ganz sicher, ihr beiden, aber es ging mir dabei sehr gut.

„Hör auf", raunzte Ego. „Was guckst du immer die Paare an? Deine Aufzählung ist endlos und endlos langweilig."

„Ich wollte nur uns beiden, also mir beweisen, dass nicht alles glänzt, was Paar ist."

„Das weißt du doch sowieso. Für diese Art banaler Erkenntnisse brauchst du doch nicht Hunderte von Kilometern in der Welt herumzusausen."

„Vielleicht doch. Die meisten Singles scheuen schließlich den Anblick von Paaren im Urlaub. Auch ich hatte meine Schwierigkeiten in dieser Richtung."

„Beneidest du sie?"

„Eigentlich nicht."
„Verachtest du sie?"
„Ganz und gar nicht."
„Tun sie dir Leid?"
„Um Himmels willen, nein."
„Möchtest du jemals wieder paarweise reisen?"
„Klar, aber nicht um jeden Preis. Das brauche ich nicht mehr. Außerdem braucht man die beiden Arten des Reisens nicht miteinander zu vergleichen. Das geht gar nicht. Das ist wie ..."
Ego hält sich die Ohren zu.
Ego hatte Recht. Ich brauchte mich wirklich nicht dauernd dafür zu rechtfertigen, dass ich meine Ferien so und nicht anders genoss. Wie auch immer.
Jedenfalls fühlte ich mich nicht als Rest von etwas vormals Ganzem, sondern als Ganzes, zeitweilig ohne Ergänzung, und so betrachtete ich die Paare. Wenn ich Lust hatte mich zu öffnen, dann kam ich auch mit ihnen ins Gespräch. Schließlich sind es Menschen wie ich, die umherziehende Frau, und nicht Wesen von einem anderen Stern.
„Tu doch nicht so, als ob das alles so einfach wäre", flüsterte Ego mahnend. „Du hast mich in dieser Beziehung schon in peinliche Schrumpf- und Schiefsituationen gebracht."
„Gebe ich gern zu. Aber du solltest jetzt schleunigst zugeben, dass ich mir inzwischen auch ganz gut zu helfen weiß. Mir fällt da nämlich eine Ansprache ein, die ich, dir zum Trost und zur Erbauung, irgendwo in Europa an eine finster dreinblickende Lady richtete."
„Und die wäre?"
„Liebe gnädige Frau, warum sehen Sie mich so finster an? Meinen Sie denn, ich sei gefährlich, nur weil ich hier alleine herumlaufe? Schauen Sie sich doch bitte Ihren werten Gatten einmal kritisch an. Meinen Sie wirklich, jede allein stehende und reisende Frau hat Lust auf den? So sexy ist der mit seinem Schmerbauch doch wirklich nicht. Und die grausamen Shorts! Da habe ich gottlob schon Schöneres gesehen und erlebt. Zum

Schluss noch einen Vorschlag an Sie: Schauen Sie am besten nicht allzu kritisch hin. Sonst sehe ich Sie das nächste Mal auch allein durch den Kurpark traben. Nichts für ungut und einen schönen Abend noch."

ALLEIN IST DIE HÄLFTE VON ZWEI – NICHT MEHR UND NICHT WENIGER

Viele scheuen das Reisen allein, weil sie sich als vermeintlich einziger Single unter Paaren exotisch oder lächerlich vorkommen.

Das Selbstbild halbes Paar oder ganzer Mensch sollte man in Richtung ganzer Mensch verschieben. Konzentration auf das eigene Wohlgefühl lässt einen die Frage vergessen, was die anderen wohl über einen denken oder reden könnten.

Früher hat man allein stehende Männer als Hagestolze bezeichnet – das Wort „stolz" spricht für sie –, Frauen im gleichen Stand dagegen herablassend als Mauerblümchen oder gar als alte Jungfern. Heute kennt man andere Bezeichnungen, doch die Einstellung ist noch immer so. Darüber kann man sich leicht hinwegsetzen, gerade in einer neuen Umgebung.

Natürlich kann man auch mit Paaren reden, sie sind manchmal einsam trotz Zweisamkeit. Einmischung ist jedoch nie gefragt, verständnisvolles Zuhören ohne lange Kommentare eher. Eigentlich gibt es keinen echten Graben zwischen Menschen mit und ohne Partner. Der Zustand kann sich für den Einzelnen wie für den Gebundenen schneller ändern, als man denkt.

Neid ist kein guter Ratgeber. Ob man mit den Beneideten tauschen möchte, ist eine andere Frage. Lieber weißer Rabe sein als schwarzes Schaf – so sieht man sich selbst am besten.

KATJAS KOMMENTAR

Wie soll ein Paar funktionieren, wenn der Einzelne nicht bei sich ist? Und wenn Paare einander stören, werden sie zu Unpaaren.

Meiner Ansicht nach ist es egal, ob um einen herum Paare oder Singles sind. Zugegeben, nicht an jedem Tag kann ich das so locker betrachten, aber glücklicherweise meistens.

Die interessantesten Menschen scheinen mir immer Ruhe und Gelassenheit auszustrahlen. Eine mittige Präsenz – besser kann ich es nicht beschreiben. Und aus der eigenen Persönlichkeit kann der-/diejenige dann auf andere zugehen, sich öffnen oder auch wieder verschließen. Diesen Menschen ist es möglich, sie selbst zu bleiben. Im Kern wohlgemerkt, denn jeder Kontakt fördert kleine Anbauten, Erker und neue Fenster.

Wenn Sie alleine reisen, können Sie die Gedanken auch mal nach innen richten und beobachten, wer dort ist. Ego in den Spiegel sehen lassen.

Sie werden diesen Menschen dort drinnen mögen, trotz der sicherlich vorhandenen Macken und Mäckchen. Und dann kann ein Paar in der Umgebung Anregung sein statt Bedrohung für das (wieder-)entdeckte Selbstbewusstsein.

11. KAPITEL:
DIE SACHE MIT DER ANMACHE

MEINE HAND LAG AUF einem verschwitzten Knie – männlich. Nicht ich hatte sie dort hingelegt, sie war mit einem entschiedenen Ruck von meinem Nachbarn an diese Stelle platziert worden. Versuchte Verschiebungen nach oben wurden höflich, aber bestimmt, von mir rückgängig gemacht.

Hin und her, hin und her – schließlich platzierte ich das, was von meinem Schöpfer eindeutig mir zugesprochen war, in mein Hoheitsgebiet. Das gefiel dem Besitzer des Knies ganz und gar nicht. Er, ein kräftiger Tiroler Tennisspieler, fand meine Tat humorlos. Schließlich habe er mir nun schon drei Abende beim Essen zugesehen – warum eigentlich? Hatte er Hunger? – und jetzt sei es Zeit … Zeit für was? Tisch und Bett? Untrennbar verbunden? Voller Unschuld sah ich ihn fragend an.

„Prosit", sagte er lächelnd und stieß mit mir und meinem Achtel Wein an.

„Prosit", antwortete ich ebenso lächelnd.

An jenem Abend in der Bauernwirtschaft, wo ich für ein paar Tage Ruhe und Entspannung suchte, konnte mich nichts so schnell aus der Fassung bringen.

„So allein unterwegs, das ist doch nix", sagte er und zwinkerte mir fröhlich zu.

Ebenso fröhlich antwortete ich: „Sie kennen das Gefühl vielleicht nicht, aber ich finde, es ist riesig, wenn man mal so ganz frei und unabhängig durch die Lande tuckert."

Das gefiel meinem Nachbarn weniger. Er setzte den Dialog nicht weiter fort, misstraute seinen verbalen Fähigkeiten wohl mehr als seinen zupackenden kräftigen Händen. So versuchte er ein weiteres Mal, meine Hand in die feuchte Kniezone zu bugsieren. Meine Hand sträubte sich – sie blieb, wo sie war, bei mir.

„Noch ein Achterl?", bot der Sportliche an.

Ich kalkulierte den Preis. Beide Hände auf zwei feuchten Knien oder eine Hand auf dem Vormarsch?

„Danke", sagte ich wohlerzogen wie ein feines Fräulein. „Ich werde jetzt langsam gehen."

Wie viele Abende er mir noch beim Essen zusehen müsse, seufzte der Arme.

„Höchstens noch drei, dann fahre ich sowieso nach Hause."

Weiterhin locker und entspannt lächelte ich ihn an. Ego machte leise Klopfzeichen.

„Na schön", beschloss der nette Mann, „dann treffen wir uns morgen Abend um halb sieben. A bisserl ausgehen, a bisserl tanzen … das wird Ihnen gut tun und mir auch."

Auf die dringenden Ermahnungen von Ego wurde ich jetzt doch deutlich. Allerdings äußerlich ganz Dame und zuckersüß wie ein Päckchen Eiscreme.

„Hören Sie, ich bin allein unterwegs. Ich bin Neu-Single in Ausbildung. Ich freue mich an meiner Freiheit. Ich genieße es, nach vielen Jahren einmal tun und lassen zu können, was mir im Moment gerade einfällt. Ich fühle mich mit mir selbst nicht allein und lasse mich ungern festnageln."

„Gut, übermorgen ist auch recht, da kann ich aber erst um halb acht", räumte er konziliant ein.

„Weder morgen noch übermorgen, weder um halb sieben noch um halb acht oder halb neun, nicht zum Frühstück und auch nicht zum Tee."

„Auch recht, übermorgen passt es mir hervorragend. Ich bin da und Sie auch. Dann fehlt es uns beiden an nichts."

Der „Dialog“ brachte mich zum Lachen.

„Bitte“, sagte ich schmelzend liebenswürdig, „ich mag das Ganze nicht noch einmal erklären.“

„Ach, wenn wir zwei uns einig sind, braucht es keine Erklärungen. Jetzt trinken wir noch ein Achterl und übermorgen bin ich da. Pünktlich. Ich freu mich riesig.“

Was sollte ich machen? Ich ging Richtung Toilette und kehrte nicht mehr zurück.

„Ego, du siehst ja ganz rosig aus. Was ist los?“

„Fühlen wir uns denn nicht auch ein bisschen geschmeichelt?“

„Ja, schon, aber der Vogel Freiheit hätte einen Schock erlitten.“

Leise machte ich mich durch die Hintertür davon. Der Vogel tirilierte.

Im Dorfkino lief „Eine verhängnisvolle Affäre“. Ich legte meine eigene Hand auf meine Schulter und freute mich, entronnen zu sein.

Am übernächsten Tag ließ ich mir von meinen liebenswerten Wirtsleuten das Essen aufs Zimmer bringen.

Eine nette, harmlose Urlaubsgeschichte, wie sie mir immer wieder in der einen oder anderen Weise passiert ist. Nicht immer geht es so stressfrei ab. Es kommt auch auf das Land an. In muslimischen Ländern zum Beispiel, wo Männer es nicht gewöhnt sind, allein reisenden Frauen zu begegnen, kann einem die Lust am Alleinreisen vergehen. Doch muss ich in diese Länder reisen?

Außerdem: Ehe wir die vereinigten Lüstlinge aller Länder verdammen, sollten wir uns einmal probeweise an der Nase fassen und ein bisschen nachdenken.

Als der Tourismus nach dem Krieg größere Ausmaße annahm, schwappte eine Riesenwoge blonder, selbstbewusster Frauen über die Alpen. In den sittenstrengen, traditionsgebundenen Gesellschaften, in denen die Frauen außerhalb des Hauses wenig, die Männer jedoch seit ewigen Zeiten alles durften, hatten die von Krieg und harten Zeiten in jeder Hinsicht ausgehungerten Frauen leichtes Spiel. Der seufzende „latin lover“ präsentierte sich wie ein Wunder für viele, denen ihr geschäftstüchtiger Gatte schon seit Jahrzehnten kein zärtliches Wort mehr ins Ohr gesäuselt hatte. Und erst recht für die Ledigen, die Witwen, die Verlassenen, die zu kurz Gekommenen!

Natürlich blieb das nicht ohne Folgen. Freiwild würde ich nicht gerade sagen, aber es wurden falsche oder übertriebene Schlüsse gezogen. Man verfolgte Blonde, aber auch Graue, Dicke und Dünne, Junge und Ältere.

Die Mittelmeervölker haben sich inzwischen an die blonde Invasion mehr oder weniger gewöhnt. In den traditionelleren Ländern wie den nahöstlichen sieht es noch anders aus, weil die einheimischen Frauen ein anderes Selbstverständnis haben. Eine Kultur, die unseren Respekt durchaus verdient.

Ich kann mich allerdings nur wundern, wenn eine Frau mit kargem Sonnentop oder im Minirock auf einem türkischen oder tunesischen Markt herumspaziert und sich ihrerseits wundert, dass sie als beliebig verfügbar, jedenfalls als nicht ehrbar angesehen und entsprechend behandelt wird.

Zumindest ist es ratsam, sich über die Kultur des vorgesehenen Reiselandes zu informieren und dann zu entscheiden, ob man es allein wagen soll und wenn ja, wie man sich verhalten sollte.

In diesem Zusammenhang fällt mir immer ein Goetz-Zitat ein – nein, nicht das, woran man jetzt denken mag, sondern ein Satz von Curt Goetz: „Wer sich in Gefahr begibt, kommt darin um." Das bezieht sich nicht auf Kriegsgefahr und Waffengewalt, sondern auf den so genannten Krieg der Geschlechter. (Der europäische Mann sitzt derweil im Flugzeug nach Thailand.)

Sehen wir uns doch einmal bei uns in der Nähe, in Europa, um. Die hiesigen Beziehungskisten krachen und stinken allerorten. Sie gleichen mitunter eher Pandorabüchsen als wohlriechenden Lustkabinetts. Frauen lieben angeblich zu sehr (laut einem verbreiteten Ratgeber), Männer lassen mitunter lieben, und zwei muntere Österreicherinnen haben sogar in einem sehr witzigen, dabei femininen und warmherzigen „Ratgeber" die Forderung erhoben, dass man dieselben in Ruhe lassen und lieber sich selbst mehr Liebe entgegen bringen solle.

Ein echtes Ego-Thema! Ein Thema für Frauen, die gern selbstbewusst in die Welt reisen und sich frei bewegen wollen.

Im Grunde gibt es ja nur wenige Möglichkeiten, wie so ein Trip schief gehen kann: Entweder man will angemacht werden und keiner tut es oder man will es nicht und alle tun es, man möchte eigentlich, aber die Männer sind ja so unaufmerksam und langweilig und – letzte Möglichkeit – man möchte eventuell eigentlich nicht, aber die Männer sind so frech und ungehobelt.

Jetzt gebe ich noch kurz Ego, meinem Ego, das Wort, bevor ich mich in unendlichen Alternativen verstricke.

Also: „Wenn du auf mich hörst", meint Ego selbstbewusst, „ist alles ganz einfach. Entweder du willst hmhmhm oder du willst nicht hmhmhm. Wenn du ganz ehrlich und überzeugend nicht willst, brauchst du brenzligen Situationen nur aus dem Weg zu gehen. Wenn du allerdings wirklich willst, dann springst du eben munter ins Feuer. Dauerpartnerschaft brauchst du dir nicht zu erwarten. Schließlich hat Urlaub nichts, aber auch gar nichts mit dem wirklichen Leben zu tun. Im Allgemeinen sucht der Mann mit Jagdinstinkt eher ein Objekt für eine oder mehrere Nächte, Frauen häufig ein Subjekt fürs Leben. Du bist ja nicht ganz bescheuert und weißt daher am besten, was du unter Ferien verstehst und was du erwartest – einen Typen aufreißen oder dich vom Alltag und allem, was damit zusammenhängt, ausgiebig erholen. Wozu sonst der Ortswechsel, die unbequeme Reise, die Koffer und Täschchen, die Limousine und der Flieger? Pflege mich, und es geht dir gut."

Ego hat ganz sicherlich Recht. Das war mir inzwischen schon klar. Kraft schöpfen, Bilder aufnehmen, meinen gestressten Nerven die Pause gönnen, die ihnen zusteht – ein wunderbares Programm. Die Beziehungskiste wurde so lange entlüftet und bis auf weiteres beiseite gestellt.

Wer sich von anderen leicht ins Bockshorn jagen lässt, wer sich gern auf warnende Stimmen einlässt, wer zahllose Freundinnen um Rat fragt, sollte wissen, wie er die „Ratschläge“ am besten verdaut. Ungeheuerliches wird von Männern außerhalb unserer „geschützten“ Sphäre berichtet. Na schön, sie laufen eben überall herum. Lass sie laufen!

Allerdings tut man gut daran, sein Aussehen kritisch zu prüfen. Blond, schön, jung bedeutet in südlichen Ländern eher Stress und deutlich weniger Erholung, vorausgesetzt man sucht sie wirklich.

Die Frage Ruhe oder Abenteuer sollte man sich ganz ehrlich so früh wie möglich stellen und ebenso ehrlich beantworten. Daraufhin folgt dann die Wahl des Urlaubsziels, der Kleidung und auch des Verhaltens vor Ort. Man wirkt eben in einem Pulli in Schweden anders als im sparsamen Kleidchen im Orient. Abenteuer suchen und sich dann über die Männer beklagen gilt nicht.

Wer gern etwas erleben möchte, mit allen Risiken und Nebenwirkungen, der geht am besten gleich in ein Touristenzentrum mit möglichst geringem Anteil an Einheimischen. Wahrscheinlich bekommt man das Gewünschte. Ruhe gewünscht? Das Gegenteil von dem unternehmen.

Die Sitten und Gebräuche, der Umgang zwischen Männern und Frauen, die Familienstrukturen und so weiter sollten einem wenigstens durch Lektüre vertraut sein. In einigen Ländern ist es ratsamer, manchmal sogar vorgeschrieben, mit einer Reisegruppe oder in Begleitung zu reisen, zum Beispiel in Saudi-Arabien. In buddhistischen Ländern gibt es kaum Probleme.

Auch wenn man bezahlt, ist man Gast des Landes und sollte das Gastrecht nicht missbrauchen. Im Urlaubsland leben nicht nur Männer, sondern auch Frauen und Kinder, deren Menschenwürde unbedingt Respekt erfordert. Wir würden es auch nicht gern sehen, wenn Frauen anderer Kulturen scharenweise über unser Land hereinfielen und sich auf unsere Freunde, Ehemänner, Geliebten stürzten, als wären sie Freiwild.

Wir sind Botschafterinnen unserer Länder. Unser Verhalten, unsere Freizügigkeit und unsere Freundlichkeit werden auf unsere Herkunft, auf unser Volk übertragen, können Vorurteile bestätigen oder abmildern.

Das gilt vor allem außerhalb von Zentren des Fremdenverkehrs und selbstverständlich auch für Männer. Wir Frauen sollten in dieser Hinsicht ruhig mit gutem Beispiel vorangehen.

So kann man mit Charme und Takt, Diskretion und einem selbstbewussten Auftreten viel erreichen und Situationen weitgehend vermeiden, durch die man selbst oder der andere das Gesicht verliert.

KATJAS KOMMENTAR

Wer nicht angemacht werden möchte, kann dies auf vielerlei Weisen zu verhindern suchen. Das leidige Thema Kleidung soll hier nicht weiter erörtert werden, denn ich möchte mir auch nicht vorschreiben lassen, nach welcher Kleidung mir der Sinn steht.

Dennoch ist es je nach Landessitte auf alle Fälle ratsam, sich zu überlegen, welche Signale die Kleidung aussendet.

Aber auch die Haltung entscheidet. Ob man am Hauptbahnhof einer Großstadt auf den letzten Zug wartet oder in einer Bar sitzt – wenn Sie mit sich dort sind, können Sie solcherlei Anmache sicher vermeiden.

Besonders wichtig ist es meiner Meinung nach, klare Absagen zu formulieren. Hier ist höfliches Umschreiben, „vielleicht“ und „könnte“, „mal sehen“ und alles Ähnliche nicht angebracht. Lassen Sie sich auch nicht entmutigen, wenn Sie Ihre Absage zweimal formulieren müssen. Falls das Gegenüber überhaupt nicht hören will, sollten allein reisende Frauen die Klügeren sein und sich gekonnt verabschieden. Ganz wichtig finde ich, dass man sich danach nicht grämt, sondern die heiteren Momente in Erinnerung behält. Sich eventuell geschmeichelt fühlt und den Abend vielleicht als Sieg in seine Erinnerungen einbaut.

Der Abend muss ja auch noch nicht zu Ende sein. Ich habe meist etwas zu lesen oder zu schreiben dabei, für den Fall, dass ich vor der Umgebung fliehen möchte, auch wenn ich das nur als Notnagel sehe.

Ein Abend in Frankfurt wird mir da sicher immer in Erinnerung bleiben, als ich, auf dem Weg zum Bahnhof, durch das Rotlicht-Viertel lief und eine eindeutige Anfrage aus einem langsam rollenden Mercedes kam. Auch hier hat das klare Nein geholfen. Und die Situation war meiner Ansicht nach wesentlich brenzliger als eine vergleichbare mit einem anderen Gast im Hotel.

Also rufe ich Sie zu Mut auf. Mut, alleine auszugehen, Mut, den eigenen Standpunkt zu äußern und Mut, ihn auch zu vertreten.

Einer Situation im Zweifel aus dem Weg zu gehen ist auch kein Zeichen von Schwäche, sondern die Tat eines denkenden Menschen. Mut kann ohne Klugheit und Vorsicht schnell in Fahrlässigkeit umschlagen.

Mein Tipp an dieser Stelle – lassen Sie sich Zeit. Wählen Sie Gegend und Lokal sorgfältig und sparen Sie sich die verrufenen Gegenden für die zweite Allein-Reise auf. Sie werden immer sicherer werden.

12. KAPITEL:
ZÄRTLICHKEIT UND SINNLICHKEIT

ICH LAG AM ROMANTISCHEN Badesee und las in einer vielfarbigen Zeitschrift. Las von Lifestyle, sah Bilder von Lifestyle. Las natürlich einen nicht weiter originellen Artikel über Beziehungen, genauer über Zärtlichkeit, im Grunde über Sex. Makellose Körper, ideal gewachsene Menschen mit samtener, edel gebräunter Haut berührten einander auf den Fotos in unterschiedlichen Posen, die Zärtlichkeit suggerieren sollten. Ich las, dass Sex Hormone freisetzt, Frauen schöner macht (Männer nicht???) und so weiter und so weiter ... Am Schluss dann die für mich ernüchternde Behauptung, dass Singles nicht so lange leben wie Paare (Ehepaare? Homopaare? Pärchen?).

Ich räkelte mich wohlig im Gras. Die Sonne schien mir warm auf die Haut, die sicherlich nicht so makellos glänzte wie auf den Bildern, ehrlich gesagt warf sie schon ein paar Fältchen, Durchschnitt eben, keine Elite. Und dennoch empfand ich Lust, obwohl ich hier am See ganz allein faulenzte.

Die Kühle des Wassers erfrischte mich, die Sonnenstrahlen spendeten angenehme Wärme, und die leichte Brise sorgte für ebenso angenehme Abkühlung.

Keine Chance, gnädige Frau, du bist zum vorzeitigen Tod verurteilt. Dieser Gedanke gefiel mir angesichts meines Pudelwohlseins absolut nicht. Warum sollte ich und warum sollten alle anderen Singles mit mir verfrüht abtreten? Warum genossen alle Paare, die zwar Sex haben, aber doch nicht immer zärtlich miteinander umgehen, so fantastische Lebenschancen? Ich wusste es doch selbst: Auf das ganze Leben gerechnet war ich gar nicht ununterbrochen und ewig lange voller Euphorie verliebt und während meiner langen Ehe auch nicht pausenlos zärtlich gewesen.

Mir wurde leicht grau zumute. War ich mit meinem aktuellen Wohlbefinden vielleicht nicht „normal"? Hätte ich eigentlich frustriert sein müssen? Was war überhaupt normal? Welche Norm galt für wen? Für alle, für die meisten oder wieder einmal nur für eine repräsentative Mehrheit?

Da meldete sich gottlob Ego zu Wort. Es war gerade dabei, grün verfärbt einzuschrumpfen. Doch kräftig genug war es jetzt, sich zu rühren, bevor die Katastrophe eintrat.

„Hallo", rief es verzweifelt, „lass dich doch nicht an diesen Normen in den Printmedien messen." Wenn es moderne Fremdwörter gebrauchte, dann war es noch nicht so schlecht um mein Selbstbewusstsein bestellt. „Natürlich darfst du jetzt, hier und sofort genießen, es dir einfach gut gehen lassen. Stell dir mal vor, du hast einen Typen neben dir, der gar nicht zärtlich ist, sondern nur so an dir rumfummelt, weil ihr zufällig miteinander da liegt. Vielleicht denkt er an Direktor Meier, der ihn ständig anmosert und an seiner Karriere hindert."

„Ja, ja, Ego, du magst ja Recht haben. Mir ist es schon lange nicht mehr so gut gegangen. Aber warum muss ich dann so früh in die Grube?"

„Musst du ja gar nicht. Ich meine, die so genannten Singles sind nicht weniger lebensfähig als der Rest der Menschheit. Sie lassen sich nur von dieser Art Zeitschriften und mehr noch von blöden Schlagertexten ins Bockshorn jagen. Darum rennen sie verzweifelt Dutzenden von vermeintlichen Liebschaften nach. Sie ärgern sich, wenn es nicht auf Anhieb klappt und der andere nicht nach Vorschrift mitspielt."

„Manchmal hat man eben Sehnsucht …"

„Klar, weiß ich doch. Aber die Benotung von Sex – sehr gut wird verlangt, nicht befriedigend oder gar mangelhaft, wie in der Schule – hat doch mehr mit Leistung zu tun als mit Liebe. Wehe, wenn die Note schlecht ausfällt, dann wird das arme Ego geprügelt und geschunden, bis es krank ist. Und wenn es einmal krank ist oder gar zum Pflegefall wird, dann geht der Rest auch bald zugrunde."

„Dann müsste ich mit dir doch ganz lebensfähig sein. Kannst du mir aber erklären, warum Ehepaare dann so märchenhaft alt werden?"

„Durchschnittlich, meine Liebe. Und welche Ehepaare denn? Wie viele sind denn nach zwanzig Jahren noch zusammen? Die wenigen, die das schaffen, sind anscheinend wirklich fit. Ich würde nicht jeder Statistik blind vertrauen. Genieß du nur ruhig weiter und genier dich nicht. Dass du mit mir allein, das heißt mit dir einen egophilen Urlaub verbringen kannst, ist doch schon ein mutiger Schritt und absolut nicht in der Norm. So eine wie du erscheint in keiner Statistik."

Ich legte die Zeitschrift beiseite. Das ewige Beziehungsgezerre ging mir auf die Nerven. Ein Buch hatte ich dabei, in das man sich im wahrsten Sinne des Wortes verlieben konnte und mit dem ich dann meinen Nachmittag beschloss. „Also sprach Bellavista" von Luciano de Crescenzo handelt von der Liebe der Neapolitaner, von der Liebe im Sinne Epikurs – kein Wort von gutem oder schlechtem Sex als Fitnesstraining einer Spezies, die mit permanenter Brunft gesegnet und geschlagen zugleich ist.

Inzwischen hatte sich der See bleigrau verfärbt. Ein paar Holzpfosten hoben sich in grafisch reizvollen Mustern vom Wasserspiegel ab. In weiter Ferne sah ich das gegenüberliegende Ufer als anthrazitgrauen, schmalen Streifen mit filigranen Baumkronen. Unter dem leicht bedeckten Himmel breitete sich vor mir eine Szenerie erlesener Grautöne aus. Am liebsten hätte ich sie mit zarten Tuschestrichen gezeichnet. Das hatte ich allerdings seit Kindertagen nicht mehr gewagt.

So zeichnete ich im Geist mit zarten Strichen ein wunderschönes Bild für mich. Dabei ging ich ganz in der Betrachtung der ständig wechselnden Formen auf und vergaß alles um mich herum. Eine unwiederbringlich kostbare Stunde der Stille und der atemberaubenden Schönheit.

Ich spürte, wie ich innerlich ganz weit und dabei sehr ruhig wurde. Meine grau-schwarze Zeichnung speicherte ich mit vielen anderen in einem sicheren Winkel. In weniger glücklichen Stunden holte ich sie dann immer wieder hervor und stärkte mich daran. Dieses Archiv kann mir nichts und niemand entreißen, solange ich lebendig und empfindsam bin.

Auf dem Weg ins Hotel spürte ich, wie meine Fußsohlen, meine Handflächen jede Berührung mit Gegenständen des täglichen Lebens sensibel und lustvoll aufnahmen. Wer sagt, dass man einsam sei, wenn man allein ist? War ich es selbst, die sich davor fürchtete? Ich kann es mir heute nicht mehr vorstellen. Mit diesen Gefühlen werde ich noch lange leben und vor allem lieben können – in jeder Hinsicht.

„Zum Kuckuck mit der Statistik“, murmelte ein pralles, rosiges Ego.

LUST ODER FRUST – KEINE FRAGE VON EINZAHL ODER MEHRZAHL

Manchmal fehlt einem im Solo-Urlaub die Zärtlichkeit eines liebenden Partners. Ob einer in Sicht, gerade verloren gegangen oder vorübergehend abhanden gekommen ist, spielt in diesem Zusammenhang keine Rolle.

Man kann sich sehr gut bewusst auf sein eigenes Wohlbefinden einstellen, denn wer sollte sonst dafür verantwortlich sein?

Wir alle haben es mehr oder weniger durch Erziehung gelernt, mit weiblicher Verführungskunst den Partner zu verwöhnen. Diese Kunst auf sich selbst anzuwenden ist nicht einfach, aber erlernbar. Verderben kann man sich die Laune dann nur selbst.

Den auf Erholung eingestellten Körper zu spüren ist ein wundervolles Erlebnis. Die Rückmeldung kommt – aber nicht von außen.

Natürlich gibt es Gründe, das Alleinsein zu beklagen. Klagen ändern jedoch nichts an der Situation. In einer künftigen Beziehung wird man sehr leicht abhängig, wenn man nicht mit sich selbst zurechtkommt. Liebe und Abhängigkeit werden öfter miteinander verwechselt, als man glaubt. Die größte Liebe hat nichts mit vollkommener Abhängigkeit gemeinsam – ganz im Gegenteil.

Erst die innere Freiheit macht liebesfähig.

Sich bei der Hand nehmen, sich schöne Dinge zeigen, die Welt mit einem Lächeln betrachten macht schöner als alle Sonnenbräune.

KATJAS KOMMENTAR

Allein reisen heißt nicht einsam reisen. Wenn der Gesprächspartner fehlt, sprechen Sie sich in Gedanken selber an. Oder: Nehmen Sie sich abends Zeit und schreiben Sie Tagebuch. In Ruhe, unter freiem Himmel. Werden Sie ruhig und lassen Sie den Tag nochmal Revue passieren. Zeichnen Sie – mit Worten und Bildern. Bewahren Sie Ihre Reise in sich auf.

Falls der Tag nicht so gelaufen ist wie morgens gedacht, werfen Sie ihn nicht weg – verlorene Stunden wären eine traurige Bilanz, und wenn man es recht betrachtet, sind sie es ja auch nicht. Denken und fühlen Sie nach – wie sie den Tag erlebt haben. Was Sie besonders bewegt und gefreut hat. Vor allem die kleinen Dinge gehen so schnell unter. Wenn ich einem Tag nachgespürt habe, bleiben sie.

Und falls doch das eine oder andere aus der aktiven Erinnerung verschwindet, haben Sie Ihre Reisenotizen. Aber Vorsicht: kein Stress! Wenn Sie kein Bedürfnis danach haben, lassen Sie es – mir persönlich hat das Schreiben bei langen Reisen immer gut getan.

Lange Telefonate mit der Heimat dagegen halte ich für kontraproduktiv. Die ewig gleichen Fragen: „Und fühlst du dich auch nicht einsam?“, kosten Kraft und reißen einen aus dem Urlaub wieder in den Alltag zurück.

Seien Sie einfach mal ein paar Tage weg und besuchen Sie sich selbst.

13. KAPITEL:
DER GRÜNE SAAL

WENN ICH AUF MEINEN Reisen in den Wald ging, zögerte ich oft, durch die scheinbar undurchdringliche Wand am Rand einzutreten. Immer wieder überkam mich ein seltsames Gefühl, als müsste ich zuerst einmal klopfen oder klingeln. Klar, die Bewohner öffneten nie, denn sie erwarteten ja keinen Besuch.

Dennoch gab ich mir einen Ruck und trat beherzt ein. Die Tür des grünen Saals schloss sich leise hinter mir. Die Luft hier war anders. Neue Klänge berührten mein Ohr. Ich spürte Vertrautheit, keine Furcht. Um mich herum eine in sich geschlossene Welt. Zuerst zögernd, dann forscher schritt ich voran. Nur atmen. Nur gehen. Nur lauschen. Auch auf Wegweiser achten.

Märchen aus der Kindheit drängten sich mir auf. Da ging einer durch den Wald und erreichte eine andere Welt, ein Zwergenreich, ein Hexenreich oder gar einen verzauberten Berg. Manchmal begegnete er wunderlichen Gestalten. Die boten dann freigebig die Erfüllung von Wünschen an. Zauberquellen sprudelten. „Wer aus mir trinkt, wird ein Reh …"

Krack. Ich stolperte über eine hohe Wurzel. Nicht weiterträumen. Nur nicht hinfallen. Nicht den Knöchel verstauchen oder gar ein Bein brechen. Mir fiel ein, dass man mich dann erst nach Monaten finden würde. Dann sieht man nicht nur alt, sondern ziemlich grausig aus. Kein schöner Fund.

Vor so einem Fund fürchtete ich mich immer wieder. Vor einem einsamen Wanderer, der nicht weiter gekommen war.

Plötzlich roch es so seltsam modrig. Mir fielen Zeitungsmeldungen ein, die berichteten, wie Beerensammler die schon halb verweste Leiche eines Theobald R. aufstöberten. Entsetzlich!

Warum es wohl so seltsam roch?

„He", mahnte Ego. „Du stolperst ja herum wie eine Schlafwandlerin. Reiß dich zusammen. Ich muss dich unbedingt heil zurückbringen. Schließlich kann ich dich nicht ins Hotel tragen. Wir würden hier ganz still und heimlich eingehen. Also bitte, ein bisschen mehr Aufmerksamkeit."

Ich riss die Augen auf. War wieder hellwach. Es gab ja auch so viel zu sehen, zu hören und zu riechen. Der Modergeruch entpuppte sich bei intensivem Schnüffeln als Wald-Moos-Pilze-Holz-Geruch.

Neugierig ging ich weiter, hinter jeder Wegbiegung erwarteten mich neue überraschende Bilder.

„Und die Markierung?", grunzte Ego.

Verdammt, die Markierung. Wo war nur die letzte? Ich lief weiter, das Auge stur auf die Stämme gerichtet. Keine Markierung mehr. Ich musste zurück, aber schnell. Das Herz schlug mir bis zum Hals.

Plötzlich war ich nicht mehr im Märchenwald, sondern in einem Riesenforst mit unendlich vielen verschlungenen Wegen. Einer sah aus wie der andere. Ein Labyrinth ohne roten Faden. Gab es denn hier kein Entrinnen? Zurück musste ich, immer weiter zurück. Oder lief ich schon lange im Kreis? Waren das nicht die gleichen Bäume wie vorhin? Grün waren sie alle, so wie der Rest ringsherum. Eine grüne Wüste.

Mit Hilfe der Armbanduhr stellte ich die Himmelsrichtungen fest.

„Du bist ein total vertrottelter Großstädter, verdorben durch den dichten Schilderwald an den Straßen. Im richtigen Wald sollte man auf keinen Fall rumträumen und rumstolpern", maulte Ego.

„Das nächste Mal passe ich rechtzeitig auf. Irgendwie werden wir schon rausfinden“, tröstete ich mich.

Endlich fand ich die Markierung wieder. Ein Stein rollte mir vom Herzen, Schweißtröpfchen standen auf meiner Stirn. Ich versuchte, die erhöhte Stufe der Wachsamkeit nicht noch einmal zu verlassen.

Plötzlich knallte in nicht allzu weiter Ferne auch noch ein Schuss. Jäger im Wald. Ob sie mich für Rot- oder Schwarzwild hielten und einfach abknallen würden? Ich stellte mir die Fläche des Waldes vor und rechnete mir eine beruhigend günstige Chance aus.

Mir fiel ein, dass man im Alltag schließlich auch ständig zwischen vielerlei Gefahren hindurchschlüpfen muss. Und erst im Straßenverkehr ... Ich beschloss, einfach auf mein Glück zu vertrauen.

Zunächst wurden die Schüsse lauter, dann leiser, das Jagdgebiet lag jetzt wohl hinter mir. Uff, wieder eine Hürde überwunden.

Erstaunt stellte ich fest, dass ich schon über zwei Stunden gegangen war. Am Anfang waren die Minuten geschlichen, jetzt waren die Stunden gerast. Das Waldtheater hatte mich fest im Griff. Kein Text, dafür ein Crescendo von Geräuschen, Bildern, Düften. Die Sinne öffneten sich weit, die Haut wurde dünn.

Plötzlich hörte ich Schritte. Sie donnerten in mein Ohr wie Kanonenschläge. Wer mochte das sein? Das Blut erstarrte mir in den Adern. Ich wurde käseweiß. Auf Menschen war ich nicht eingerichtet. Wenn mich nun einer überfiel? Wegen meiner mageren Geldbörse oder wegen meiner zarten Figur? Vielleicht ein Sittenstrolch? Ein Lustmolch? Ein Wegelagerer? Ein Terrorist? Noch mehr blöde Wörter? Was einem so einfällt!

„Wenn hier einer auf einsame Frauen lauern wollte, dann hätte er einen schlechten Platz gewählt. Der müsste ewig warten, bis eine kommt. Ich als Strolch würde mich nicht in einem so abgelegenen Wald aufstellen. Wenn ich einer wäre, versteht sich. So ein Räuber hat auch nicht endlos Zeit“, tröstete mich Ego.

Endlich näherte sich eine Gestalt. Ein Wanderer wie ich, kurz darauf folgte die schwitzende Gattin. Ich grüßte beide höflich, wurde etwas erstaunt zurückgegrüßt.

Puuuh! Das war glimpflich abgegangen. Mir zitterten die Knie.

Ich setzte mich auf einen Baumstumpf und holte mein Buch aus dem Rucksack. Ein herzliches Prost mit Mineralwasser an die eigene Adresse. Dann verschnaufte ich gründlich, las, bis die Schatten lang und schräg wurden. Ich war wieder im Gleichgewicht.

Ich genoss die Lektüre im grünen Saal, die ungebetenen Besucher hatten mein Revier verlassen. Gern hätte ich jetzt einen Freund eingeladen, mit ihm geplaudert und ihn nach einem herzlichen Abschied zur grünen Tür geleitet.

Ich verabschiedete jedoch, bevor es dunkel wurde, lieber mein Buch, geleitete es nicht zur grünen Tür, sondern steckte es in meinen blauen Rucksack.

Ich ging allein. Keiner beschwerte sich, dass der Weg zu lang oder zu kurz war. Keiner klagte über Kälte, über Hitze, Hunger oder Durst. Mein eigenes Tempo, meine eigenen Gedanken, bewegen, denken, rasten, bewegen, denken … Gedanken bis zur letzten Konsequenz ganz zu Ende denken.

Augen auf, Ohren auf – plötzlich stand ich wieder vor der grünen Tür.

Blinzelnd trat ich aus dem Wald. War weit fort gewesen. Kam aus einer anderen Welt.

Mein Auto stand vor einem kleinen Gasthaus. Ich trat ein. Meine Stimme versagte. Ich musste mich räuspern. Stotterte herum, war noch total auf Empfang eingestellt.

Jetzt war ich wieder da. In dieser Welt, wo meine Familie, meine Freunde lebten. Sie waren zwar weit von dem Gasthaus entfernt und dennoch in dieser Welt. Im grünen Saal waren sie nicht.

„Morgen gehen wir schwimmen“, meine Ego, „sonst wirst du grünsüchtig.“

„Meinst du? Na schön, aber übermorgen ist dann wieder der grüne Saal fällig. Keine Angst, zu Hause werde ich wieder so gesellig wie immer. Dann gehe ich auch wieder mit anderen in den Wald. Ich werde Gespräche, Gelächter und menschliche Nähe doppelt genießen."

Ego räkelte sich wohlig.

„Und ich ernenne dich zum Dr. egophil. Mit Note 1."

„Danke."

KLEINER MENSCH IN GROSSER NATUR

Urlaub kann nicht nur Bewegungslosigkeit sein. Freie Bewegung in der Natur macht fit und fröhlich. Wo wären sonst so viele schöne Gedichte über Feld und Wald entstanden?

Ein paar Ratschläge zum gruppenfreien Lustwandeln sind dennoch wichtig: Auf alle Fälle sollte man seine Kräfte nicht überschätzen. Es ist für die Mitwelt nicht sehr angenehm, einen einzelnen Wanderer in einem großen Waldstück ausfindig zu machen. Früher konnte einen ein verstauchter Knöchel schon in eine gefährliche Lage bringen. Heute bewacht uns das Handy. Aufgeladen sollte es sein. Löcher im Sendenetz gibt es, die sind nicht zu vermeiden. Also doch die Strecke nicht überschätzen.

Wer Angst hat vor einsamen Wegen, sollte sich an ausgeschilderte Wanderwege in der Nähe von Kur- oder Ferienorten halten. Wenn diese zu einer Hütte oder einem Restaurant führen, trifft man sicher immer wieder Menschen.

Im Winter sollte man sich an gut gebahnte Wanderstrecken halten. Nichts riskieren.

Wer ganz sicher gehen möchte, hinterlässt eine Notiz mit dem vorgesehenen Wanderziel im Hotel oder einem nahen Gasthof. Zur Not einen Zettel an der Windschutzscheibe des Autos.

Kostbarer Schmuck, edle Klamotten, teure Pelze sollten im Hotelzimmer bleiben. Hasen und Rehe sind durch solche Requisiten kaum zu verführen. Menschen eher.

Waldgebiete und Parks am Rand sehr großer Städte sind gefährlicher als Wälder und Felder auf dem Land.

Verlaufen zu zweit ist nicht angenehm, weil es schnell zu Streit kommt. Allein verlaufen macht Angst. Also gutes Kartenmaterial mitnehmen. Als Anfänger möglichst markierte Wege benutzen.

Einen Kompass für alle Fälle einstecken. Die Himmelsrichtung per Armbanduhr bestimmen kann man nur bei wolkenlosem Wetter. Bei bedecktem Himmel braucht man den Kompass.

Ehrgeiz braucht man als Einzelläufer nicht zu entwickeln. Keiner sieht zu. Also lieber umkehren, wenn der Weg zu schwierig wird, und eine gemütliche Rast einlegen.

Außer Konkurrenz laufen macht frei!

KATJAS KOMMENTAR

Viele Stadtmenschen haben Angst, wenn sie alleine im Wald oder in etwas einsamerer Natur sind. Wenn Sie auch dazu gehören, überfordern Sie sich nicht. Es gibt von jeder Gegend Karten. Im Geschäft sollten Sie genau nachsehen, ob Sie mit Ihrer Auswahl zurechtkommen. Im Zweifel nehmen Sie vom selben Hersteller eine Karte einer Ihnen bekannten Gegend zum Vergleich in die Hand.

Wenn Sie unterwegs sind, wählen Sie für den Anfang markierte Wege. Die Herrschaften an der Rezeption können Ihnen auch sicherlich Tipps für die Auswahl geben. Das hat zusätzlich den Vorteil, dass man auf alle Fälle weiß, wo Sie sind. Ein Handy, wenn vorhanden, sollte auch im Gepäck sein – und je nach Spazierlänge ein Getränk und etwas zu essen.

Genug der Vorbereitungen – wie ist es unterwegs?

Sie sind frei! Frei, in Ihrem Tempo zu gehen, frei, den Weg rechts oder links zu nehmen. Sie tragen aber auch die komplette Verantwortung. Ein schönes Gefühl.

Wenn Sie nicht alleine laufen wollen, nehmen Sie sich doch selber mit. Sehen Sie zum Beispiel mal wieder mit Kinderaugen in diese schöne Welt. Bleiben Sie stehen, wann immer es Ihnen gefällt. Niemand drängelt. Genießen Sie die frische Luft und die Ruhe.

Ob an einsamen Bergseen, im Wald oder auch in einer Heidelandschaft – nehmen Sie sich Zeit. Für sich, für Entscheidungen, für Rückblicke und Pläne. Aber erwarten Sie nicht, dass Sie in den Wald kommen und sofort innere Ruhe finden – die muss man zulassen. Das wird ein bisschen Zeit brauchen, aber dann ist es umso schöner. Die Geduld lohnt sich allemal.

14. KAPITEL:
DER ANTHRAZITGRAUE TAG

GRAUSAM WAR ES IMMER, wenn der gefürchtete Tag gleich nach dem Aufwachen begann. Dann dauerte er am längsten. Außerdem passierte er mir immer wieder – ehrlich gesagt, bei jeder meiner Reisen. Auch längere Erfahrung konnte ihn nicht zurückhalten. Immer wieder fand er eine Hintertür, durch die er sich einschlich.

Die gemeinsten Finstertage waren auch vom Wetter unabhängig. Also konnte ich die Meteorologie als Ursache vergessen und musste die Ursachenforschung samt Abhilfe allein auf Ego abwälzen.

Der gefürchtete Tag stellte sich immer ein, wenn die erste Begeisterung vorbei war, der Urlaubsalltag sich allmählich einpendelte und das Abschiedsweh noch in weiter Ferne lag. Also kurz nach der Mitte.

Wie so etwas ablief? Wie ich allmählich unterging und wieder auftauchte? Etwa so: Wenn ich morgens völlig arglos das linke Auge öffnete, schien die Sonne nicht strahlend, heiter, freundlich, wie man das von einer Urlaubssonne erwartet, nein, sie biss mich – höhnisch. Auge zu half nie etwas. Auch der Magen sandte, wenn auch vor Sonnenbissen geschützt, ungute Signale. Er wollte nicht weiterschlafen. Gewöhnlich spricht man vom schweren Herzen, bei mir lagen die Bleigewichte eine Etage tiefer.

Einschlafen, durchschlafen, dachte ich. Leider war ich nach zwei Wochen Faulenzerei ziemlich ausgeschlafen.

Ächzend wälzte ich mich im Bett. Lesen? Was denn? Frühstücken? Eigentlich nicht. Wo steckte Ego nur? An so einem Tag musste es mit aller List verführt werden. Auch das noch.

Ohne Ego bin ich nur ein matter Fleischkloß mit Hautüberzug und ein paar Haaren. Klar, Falten auch noch!!

Dank all dieser Einfälle jammerte ich, klagte ich, stöhnte ich vor mich hin. Das tat zwar gut, aber auf die Dauer war es auch ein bisschen langweilig. Meine Lebensgeister schielten in Gestalt von Ego um die Ecke. Noch war nicht alles verloren. Es hatte sich nur versteckt.

„Komm näher", lockte ich, „halt zu mir, ich brauche dich." Gelbgrün, platt näherte es sich und verschwand sofort wieder.

Draußen zwitscherten die Vögel infernalisch fröhlich in mein gequältes Ohr. Die konnten leicht Liebeslieder singen. Sie zeigten mir lautstark, dass sie nicht allein waren. Mücken und Fliegen spazierten paarweise an der Wand entlang, und über die kitschige Tapete flatterten Engelchen in Zweierformation. Schluss! Raus aus dem Bett. Die Frühstückszeit war schon fast vorbei.

Wie ein geprügelter Hund schlich ich mich auf die Frühstücksterrasse. Der Ober sagte nicht guten Morgen. Es war überhaupt ein anderer, nicht mehr der nette Mensch von gestern. Mein gewohnter Tisch war besetzt, und auf diesen Tisch hatte ich mich seit mindestens einer Viertelstunde gefreut.

Stumpf brütete ich über meiner Kaffeetasse. Beneidete sogar die tristesten Paare.

„Wie gerne würde ich heute angemotzt", seufzte ich still in mich hinein. „Ich sehne mich richtig nach mieser Behandlung. Vielleicht sogar nach Prügeln – irgendeiner Art von Zuwendung, wenn sie nur mir gilt."

„Prügel tun weh, und wir haben noch nie welche bekommen. Gott sei Dank! Du redest Blech und denkst Unsinn", ließ sich Ego leise vernehmen. Wenigstens war es wieder anwesend, wenn auch nicht in Hochform.

„Endlich rührst du dich. Scheint heute nicht allzu viel zu werden mit uns."

„Richtig", meinte es und verschwand wieder.

Ich saß bei meiner dritten Tasse Kaffee, rauchte heute ganz gegen meine Gewohnheit eine Zigarette. Die Morgenzeitung lieferte nur Unerfreuliches. Der Gang der Geschichte ließ mich total kalt. Das Horoskop verhieß Stress im Geschäft – na, wenn schon. Der Wetterbericht war mir genau so egal.

Tage kann man nicht wegwerfen. Entsorgen nennen wir das, wenn wir etwas Unliebsames loswerden wollen. Was, du bist kein angenehmer, schöner Tag? Weg mit dir in den Müllcontainer. Sondermüll – giftig! Hätte ich alle misslungenen Tage meines Lebens weggeworfen, wäre ich wahrscheinlich schon tot, fiel mir ein.

Also war dies trotz allem ein Tag, der nach Reparatur und Aufbügeln nachgeliefert wird, auch wenn er nicht gerade erfolgreich begonnen hatte. Vom Umtausch ausgeschlossen.

Endlich hatte Ego Erbarmen. Es flüsterte mir mit leiser Stimme zu: „Zieh deinen weiten, weichen grünen Anzug an. Mach dich hübsch. Schmink dich. Kämm dich. Nur für dich. Und dann legst du dich einfach in den Garten in die widerlich aufdringliche Sonne. Entspannst dich."

Die Frühstücksterrasse hatte sich schon geleert. Der neue Ober schaute drohend zu mir herüber. Ich musste mich bewegen.

Im Zimmer machte ich mich so hübsch es ging. Mein Lieblingsanzug fühlte sich angenehm an. Ein bisschen Schminke, ein Bürstenstrich durchs Haar. Vor dem Hinausgehen vergaß ich dennoch nicht, mir selbst die Zunge herauszustrecken und meine Falten in grausigen Grimassen spielen zu lassen.

Der schön gepflegte Garten des Hotels gefiel mir an diesem Tag ganz und gar nicht. Ich wanderte herum, saß herum, lag herum, stand herum. War rastlos, saß, lag, stand weit neben mir. Träge schlich die Zeit dahin.

Wo steckte Ego? Hatte es mich komplett im Stich gelassen?

Ich döste vor mich hin. Plötzlich tauchte der kleine Kerl auf und hielt ein Netz mit kleinen Lichtern an den Knüpfpunkten hoch.

„Lass dich nicht ganz fallen. Hier können wir uns das nicht leisten. Niemand fängt uns auf. Hier sind wir ausgesetzt – gnadenlos. Ich dachte, dieses Netz wird uns auffangen."

Ein Netz – ja, das brauchte ich jetzt. Ich musste es mir ganz allein schaffen. Aus eigener Kraft.

„Denk an was Schönes", forderte Ego mich auf.

„Gibt's nicht, ich bin stumpf. Mir fällt nichts ein."

Egos Vorschlag: „Spazieren gehen."

Ein Lämpchen leuchtete auf. Erlosch gleich wieder.

„Schwimmen."

Dasselbe.

„Radtour."

„Bist wohl nicht ganz dicht."

„Joggen, Tennis spielen, Bergsteigen, faulenzen ..."

„Wmmpfff ..."

„Letzter Versuch: Wie wäre es, wenn du in die Stadt fährst und dich ein bisschen unter die Leute mischst? Kannst ja Schaufenster anschauen."

Endlich flackerte ein Lämpchen auf.

„Kauf dir was Schönes, was du eigentlich gar nicht brauchst, und was du dir sonst nicht leistest."

Ein zweites Lämpchen. Das Netz wurde stabiler.

Ächzend erhob ich mich. Ego zuliebe. Setzte mich ins Auto. Fuhr in die Stadt. Das Rollen auf der Straße, die Fortbewegung taten gut.

Die kleine Stadt sprudelte vor Leben. Wie eine Traumtänzerin wanderte ich durch die Menge, das Netz mit den Lämpchen vor Augen. Sie durften auf keinen Fall wieder erlöschen.

Ich betrachtete die Auslagen in den Schaufenstern. Nichts gefiel mir, nichts verlockte mich auch nur zum Hinsehen. Die Lämpchen flackerten gefährlich. An so einem Tag konnte ich mich nicht schmücken, nicht auswählen und schon gar nicht kaufen.

Ein Café in der Fußgängerzone brachte die Lämpchen zum Aufleuchten.

„Sorbet mit Champagner", stand auf der Getränkekarte. Viel zu teuer. Das Licht flackerte. Ich bestellte dennoch, die Lämpchen strahlten.

Ich spielte das Luxusweibchen, wenn auch nicht gerade in einer Komödie.

Der Tag kroch gnadenlos langsam dahin.

Plötzlich sah ich auf einem Plakat die Ankündigung einer Kunstausstellung in einem Barockschlösschen, 150 Kilometer von hier. Deutsche Expressionisten.

Allein die Farben des Plakats hoben meine Laune. Der Ort lag nicht gerade um die Ecke. Zu weit? Heute nicht. Unerbittlich verfolgte ich die Lämpchen in meinem Ego-Netz. Sie strahlten hell und heller. Also setzte ich mich wieder ins Auto, steckte meine schönsten Kassetten in den Rekorder.

Die ersten musikalischen Versuche misslangen. Geräusch – keine Musik. Schließlich fand ich eine Jazz-Kassette von Louis Armstrong. Der hatte mir schon in der Jugend immer wieder traurige Stimmungen verscheucht, vor allem, wenn ich wieder einmal, wie so oft, an Liebeskummer litt.

Ich brummte die Melodien vor mich hin. Die heisere Stimme zu imitieren ist mir immer leicht gefallen. Ein erster richtiger Erfolg an diesem Tag.

Nachdem ich die Kassette dreiundeinhalb Mal durchgebrummt hatte, stand ich vor dem kleinen Schlossmuseum. Es lag, von einem zauberhaften Park umgeben, friedlich da. Keine Touristen, keine Busse – tiefer Frieden.

Die Bilder legten sich wie Wundpflaster auf meine Seele. Noch nie hatte ich die klaren Farben von Kirchner, Heckel und Zeitgenossen so intensiv erlebt. Meine Augen saugten sie ein wie ein erfrischendes Getränk nach langer Wanderung auf staubigen Wegen.

Gegen Abend löste sich der Druck und machte einer lichtgrauen Stimmung Platz. Auf dem Rückweg zum Hotel genoss ich diese Stimmung in Verbindung mit den verblassenden Farben der Landschaft. Die grelle Sonne war als glutroter Ball untergegangen.

„Eigentlich geht es uns doch gut", murmelte Ego leise.

„Hmmm, warum?"

„Du hast gesunde Gliedmaßen, kannst sehen, hören und empfinden – Schönes und Trauriges."

„Da hast du Recht. Und ich kann verreisen." Meine Stimmung hob sich.

„Du kannst essen und trinken. Und du hast ein schönes Urlaubsquartier."

„Ja, und ich habe viele Freunde zu Hause. Und Kinder, die mich erwarten."

„Und wir haben kein Erdbeben und keinen Orkan und keinen …"

„Und wir haben Frieden", unterbrach ich voll Dankbarkeit. „Ich werde versuchen, an düsteren Tagen öfter daran zu denken."

Still, sehr still kehrte ich ins Hotel zurück. Ego leuchtete lieblich graulila. Es hing noch etwas schief in den Seilen.

Nach dem Essen las ich mich in den Schlaf. Ich war erschöpft wie nach einem langen Marsch durch eine bizarre Landschaft. Die Dunkelheit und die Kühle der Nacht taten gut.

Am nächsten Morgen fühlte ich mich wie neugeboren, wie nach einem reinigenden Fieber genesen.

Ego kicherte, blinzelte mich fröhlich an, war rosig und vergnügt.

Müssen diese dunklen Tage wirklich sein? Was wäre geschehen, wenn ich nicht allein gewesen wäre? Vielleicht wäre ich nicht so tief gestürzt, hätte meinem Unmut mit heftigen Äußerungen Luft verschafft. Hätte meinen Partner verunsichert und ratlos gemacht. Vielleicht hätte es Krach gegeben, vielleicht eine zauberhafte Versöhnung danach. Vielleicht hätte es auch keinen Krach gegeben und die Versöhnung wäre ausgefallen. Wahrscheinlich hätte ich wie immer alles überspielt.

Der Tag nach dem Absturz ist gewöhnlich besonders schön

und leicht. Aktiv und frisch fühle ich mich dann, wie nach einem inneren Hausputz. Leider muss ich aber auch zugeben, dass ich auf jeden Seelen-Putztag hereinfalle und lange nach dem Licht suche, das mich aus dem Dunkel führt.

Den anthrazitgrauen Tag streiche ich weder aus dem Tagebuch noch aus meinem Leben. Ich nehme ihn hin, akzeptiere ihn, so wie er ist. Allerdings habe ich nie behauptet, dass ich ihn nicht missen möchte. Das wäre zu einfach und entspricht in keiner Weise der Wahrheit.

ABSTÜRZEN UND SICH SELBER RETTEN IST ANSTRENGEND, ABER EINTRÄGLICH

Wenn man schon morgens spürt, dass etwas schief geht, sollte man die Flinte nicht ins Korn werfen, sondern sich in aller Ruhe abrutschen lassen. Alles andere wäre sinnlose Kraftverschwendung.

Die Schuldfrage sollte man gar nicht erst stellen, denn diese Art von Stimmung kann jeden befallen – jung und alt, weiblich und männlich. Ob man etwas falsch gemacht hat? Was denn? Bis man das herausfindet, ist man gewöhnlich schon wieder fit.

Ehe man sich fallen lässt, sollte man seine inneren Reserven mobilisieren. Wenn man allein reist, findet man nur schwer jemanden, an dem man seinen Unmut auf befriedigende Weise auslassen kann.

Den Urlaub hat man sich nicht nur mühsam verdient, man hat sich meistens auch schon lange darauf gefreut. Also, Kopf hoch! Alle Sinne mobilisieren!

Es gibt für jeden etwas, worüber er sich freuen kann: der Anblick von fröhlichen Kindern, von Hunden, die nicht beißen, Menschen, die lächeln, von einladenden Parkbänken, Wolkenschauspielen und vieles andere mehr.

Wege der Abhilfe aus traurigen Stimmungen gibt es unendlich viele. Man muss nur herausbekommen, was man will. Vielleicht fällt einem zunächst einmal alles ein, was einem überhaupt nicht hilft und was überhaupt keinen Spaß macht. Irgendwann ist man dann mit seiner Weisheit am Ende. Dann muss man sich notgedrungen an die erfreulichen Dinge machen.

Die Idee mit den Lämpchen und den Lustfünkchen ist nicht schlecht. Mir hilft das Verfahren immer. Aber nicht jedem. Fantasie ist in jedem Fall gefragt. Jeder kennt sich selbst am besten. Wenn ein Fünkchen aufblitzt, gleich an die Verwirklichung gehen, auch wenn es einmal weite Wege kostet oder ein paar Cent mehr.

Ein weiterer Ausweg: Richtig sauer sein, bewusst mürrisch, sich ganz o.k. fühlen mit seiner schlechten Laune. Ich persönlich halte das nicht lange aus. Irgendwann muss ich über mich selbst lachen. Und das ist das Beste in Sachen Bekämpfung anthrazitgrauer Tage.

Einen erlesenen Wein trinken kann weiterhelfen, betrinken zieht nur einen Kater und einen weiteren anthrazitgrauen Tag nach sich. Gut essen hilft, ein überfüllter Magen macht eher schlechte Laune. Frustfressen bringt neuen Frust.

Betrinken und Vollfressen hat etwas mit Fallenlassen zu tun. Und eigentlich ist man ja schon unten. Die Richtung heißt: empor zu lichten Höhen.

Die letzte Konsequenz wäre abhauen, heimfahren. Doch standhalten ist allemal besser und auch lustiger als flüchten.

Der anthrazitgraue Tag ist ein Fitnesstag – seelisch. Am nächsten Tag hat man viel dazugewonnen.

KATJAS KOMMENTAR

Alle Reisenden kennen diesen grauen Tag. Nebel von innen, auch bei strahlendem Wetter. Ich weiß immer, dass der Tag kommen wird – aber ich weiß nicht, wann. Manchmal bleibt er auch eine ganze Reise lang aus. Allein, ich bin vorbereitet – so gut es eben geht.

Wie oft einen dieser Tag überfällt, ist sicher von der Person abhängig. Auch wie dicht der Nebel ist. Jeder hofft, ein Rezept dagegen zu haben. Wenn keins parat ist – hier ein paar mögliche Zutaten:

Für graue Tage sollte man sich etwas Schönes in den Koffer packen.

Schon voll? Dann lassen Sie lieber die zehnte Bluse zu Hause (es sei denn, sie hilft gegen graue Tage). Überlegen Sie sich vor der Reise, was Sie an heimischen Grautagen tun.

Musik?

Ein flotter Ausmarsch?

Sauna?

Egal was es ist. Falls Sie Zubehör brauchen, packen Sie ein Seelenpäckchen ein.

Wenn es soweit ist, maulen Sie sich ruhig erstmal selber an. Im Spiegel oder in Gedanken. Aber bleiben Sie fair und bohren Sie nicht in alten Wunden.

Und dann?

Raus.

Nicht verkriechen. Genießen Sie Stadt oder Land. Wenn es dort zu viele Menschen gibt, ist vielleicht das Kino oder Theater der richtige Platz. Es muss ja nicht die zarte Liebesgeschichte sein, wenn man sich alleine fühlt.

Alle sehen einem grimmig entgegen? Dagegen kann man etwas tun. Lächeln. Wenn man allen und jedem ins Gesicht lächelt, kommt es zurück und nebenher kann sich schlechte Laune auch nicht lange gegen Lächeln wehren – auch wenn es zunächst gespielt ist. Eine Verrücktheit kann helfen, aber nur, wenn man sich nicht von vornherein blockiert und sagt: „*Das* kann *ich* doch nicht tun (in meinem Alter, Zustand).“ Gerade an grauen Tagen bringt Loslassen vielleicht schneller wieder Sonne durch den Nebel. Und manchmal hilft ein Strauß Blumen, zu dem Sie sicher im Hotel eine Vase bekommen.

Die Truhe mit den schönen Erinnerungen sollte auch helfen können.

15. KAPITEL:
HÖHEPUNKTE

SICH SELBST AUFFANGEN AN anthrazitgrauen Tagen, lichtgraue, dann wieder hellrosa Tage erleben. Die Intensität der Ereignisse beutelte und streichelte mich in ständigem Wechsel. So führte ich jeweils für wenige Wochen ein Extraleben ganz für mich allein.

Natürlich stellten sich auch immer wieder Höhepunkte ein, ganz überraschend, nicht vernünftig geplant, sondern ganz ohne Vernunft herbeigesehnt.

Nach meinem ersten Urlaubsabend am Heldenplatz habe ich viel erlebt, was mich stark berührte, was mir Freude machte, was mich zum Weinen, aber auch zum Lachen brachte. Ich kann sehr gut allein lachen, nur lache ich nicht so laut, sondern eher nach innen.

An dieser Stelle zwei Erlebnisse, die vielleicht auf den ersten Blick nicht gerade außergewöhnlich erscheinen. Die Erinnerung daran wirkte jedoch lange nach und gibt mir heute noch einen kleinen fröhlichen Kick.

Schon als sehr junger Mensch hatte ich die Gabe, Momente großen Glücks so in mir aufzubewahren, dass ich sie jederzeit zurückholen konnte. Klar, dass es mir mit den Höhepunkten meiner Solo-„Expeditionen" genauso geht. Ich denke in solchen Augenblicken oft: „Verweile doch, du bist so schön." Gottlob werde ich nicht wie weiland Dr. Faustus verdammt, weil ich vorher keinen Pakt mit einem wie auch immer gewandeten Teufel abgeschlossen habe. Versteht sich, dass ich auch keine einzige zusätzliche Minute meines Lebens oder gar eine spektakuläre Verjüngung ausgehandelt oder erhalten habe.

Nun zu den Erlebnissen – nicht direkt zur Nachahmung, sondern vielleicht eher zur Nachempfindung empfohlen.

Erster Schauplatz: Türkei. Szene: die Terrasse eines x-beliebigen Bungalowhotels. Stimmung: warme Mainacht. Darsteller: Achmed, der türkische Reiseleiter unserer Gruppe, ich selbst als abendlicher Restposten derselben, später noch der verschlafene Hotelboss und Ali, Achmeds Freund.

21 Uhr: Die Gruppe hatte sich nach dem Abendessen mit einem Crescendo von Gute-Nacht-Wünschen urplötzlich aufgelöst. Ein anstrengender Tag mit vielen wundervollen Eindrücken lag hinter uns. Vor mir stand noch ein Glas mit herrlich leichtem türkischem Rotwein. Auch ich war eigentlich erschöpft, wollte nur noch langsam austrinken und mich zurückziehen.

„Du hast doch Kummer, irgendetwas bedrückt dich. Willst du mir davon erzählen, oder möchtest du ihn lieber für dich behalten?“ Achmed, unser Begleiter, hatte sich leise zu mir an den Tisch gesetzt.

Ich sah ihn erstaunt an. In den letzten Tagen hatte ich so viel gelacht wie schon lange nicht mehr. Ich hatte mit den Mitreisenden geplaudert und das Land in vollen Zügen genossen. In der Gruppe galt ich als Spaßvogel. Die Frage tat mir unendlich wohl. Hier hatte ein mir unbekannter Mensch mit orientalischer Sensibilität meine geheimsten Schwingungen gespürt.

„Ja“, sagte ich, „ja, ich habe Kummer und dir kann ich auch erzählen, was mich bedrückt.“

Mit ungewohnter Offenheit erzählte ich meinem Gegenüber von meiner zerbrochenen Ehe, von meinen Schuldgefühlen, von meinem Schmerz und von der beginnenden Selbstständigkeit.

„Ja, das habe ich gefühlt, mir geht es nämlich genau so“, meinte Achmed.

Ich hatte ihn eigentlich für einen fröhlichen, unkomplizierten Mann gehalten, der uns alle mit seinen witzigen Geschichten aufs Beste unterhalten hatte. Ich musste mir eingestehen, dass ich, die Abendländerin, weit nicht so viel Feingefühl aufgebracht hatte wie er.

Achmed wartete schon seit zehn Jahren auf die Rückkehr seiner Frau, von der er sich noch zwei Kinder wünschte. Er wollte sie Evolution und Revolution nennen, wenn es denn dazu kommen sollte. Sein Augenzwinkern gefiel mir.

22 Uhr: Die jeweiligen Situationen, Vorgeschichten, Hoffnungen und Aussichten hatten wir ausführlich besprochen. Jetzt spendeten wir uns gegenseitig Trost, indem wir uns versicherten, dass wir ganz ohne Zweifel mit den so schmerzlich Vermissten eines Tages glücklich werden könnten.

Nun trat der Wirt auf. Er trug ein langes, flatterndes Nachtgewand. Obenauf glühte ein zornroter Kopf. Er war in seinem neuen Hotel noch keine nächtlichen Gäste gewöhnt. Deshalb beschwerte er sich mit ohrenbetäubendem Gebrüll über die Ruhestörung. Es entspann sich ein heftiger türkischer Dialog. Die Flüche waren sicherlich nicht für zarte Damenohren geeignet. Achmed hatte wohl durchgreifender geflucht oder besser argumentiert. Jedenfalls verschwand der Wirt unter Entsorgung der noch vorrätigen Flüche und löschte das Licht.

Der Mond warf jetzt einen matten Schimmer auf die Szene. Der wechselseitige Trost zeigte Wirkung. Wir kamen ins Erzählen. Achmed verfiel dabei immer mehr in den Tonfall von Zille-Berlin, das zehn Jahre seine Bleibe gewesen war. Bei dieser Gelegenheit hatte er nicht nur einwandfrei Deutsch gelernt, sondern sich auch den Berliner Witz und die Schlagfertigkeit seiner einheimischen Kollegen angeeignet.

23 Uhr: Die Stille der Nacht entlockte uns beiden schließlich die skurrilsten Geschichten. Achmed schilderte seine Berliner Zeit aus der Sicht eines „Gastarbeiters“ in einer großen deutschen Firma. Dabei jonglierte er elegant mit knallharten Sprüchen aus der Stadt meiner Jugend. Sie fielen bei mir auf fruchtba-

ren Boden. Seit meiner Schulzeit hatte ich nicht mehr so darüber gelacht. Nach und nach erwachte auch bei mir die unwiderstehliche „Lust am Fabulieren“, und so dauerte es nicht lange, bis wir uns gegenseitig überboten. Eine verrückte Geschichte folgte auf die andere.

Der Mond ging langsam unter. Ich war inzwischen bei schottischen Gespenster- und Viehdiebsgeschichten vergangener Reisen gelandet, und ich bin sicher, dass sie inzwischen als original anatolische Märchen in türkischen Orten die Runde machen.

Mitternacht: Jetzt trat Ali auf. Mit strahlendem Lächeln überreichte er mir eine langstielige rote Rose. Er sprach kein Wort meiner Sprachen. Ich rückte meinen gesamten türkischen Wortschatz heraus, um mich zu bedanken.

Das Erzählen ging weiter. Jetzt abwechselnd auf Türkisch und Berlinerisch.

1 Uhr: Wir wechselten den Schauplatz. Ein kleines Café in der Ortsmitte hatte noch geöffnet. Wir setzten uns an einen kleinen Tisch unter einer über und über bewachsenen, blühenden Pergola. Bis nach 3 Uhr reichte unser Schatz an wunderlichen, grausamen, verrückten, nachdenklichen und fröhlichen Geschichten. Literatur mischte sich mit selbst Erlebtem, selbst Gehörtes mit irgendwo Aufgeschnapptem.

Was für eine Nacht! Drei Menschen an einem Tisch. Geschichten mit leiser Stimme in zwei Sprachen abwechselnd erzählt. Eine Geschichte für mich, eine für Ali. Eine Geschichte für Achmed. Die Übersetzung für Ali.

Es wurde schließlich 4 Uhr. Das kleine Café hatte sich geleert. Die Stühle wurden nacheinander auf die Tische gestellt. Wir traten schweigend den Rückweg an. Morgenland und Abendland hatten einander berührt, ohne nacheinander zu grapschen.

Noch eine ganz andere Geschichte möchte ich in diesem Zusammenhang erzählen. Eine echte Solo-Geschichte. Spielt im Süden. In Italien. In einem Hotelzimmer, meinem Hotelzimmer. Keine weiteren Darsteller außer mir. Ein Requisit, das ich normalerweise selten benutze – ein Fernsehgerät. Es war spät. 23 Uhr vorbei.

Zuvor hatte ich Briefe geschrieben. Ein paar Notizen gemacht. Jetzt lesen? Einfach so zu Bett gehen? Schade um die Zeit.

Da fiel mein Blick auf das blinde Auge. Zack, die Fernbedienung verhalf ihm zum Leben. Heute wollte ich ein paar Worte in meiner Sprache hören. Mord und Totschlag, finstere Gesichter, überfallartige Paarszenen ... Da – Wiener Festwochen, eine ältere Aufnahme! Friedrich Gulda und Adam Markowicz an zwei Flügeln. Zwei Männer, die sich gegenseitig zuspielten, nicht nur mit Musik kommunizierten, sondern auch mit Blicken, mit Gesten. Ich war verzaubert.

Auf Zehenspitzen ging ich zu meinem Schrank und zog mich um. Zu einem Konzert gehört ein festliches Kleid. Ich legte Schmuck an, frisierte und schminkte mich. In der Minibar fand ich Champagner. Ich goss mir ein Glas ein. Setzte mich in meinem Festgewand aufs Bett und prostete mir selbst zu.

Die Musik und der Champagner wirkten auf mich wie der glitzernde Weihnachtsbaum in Kindertagen. Ich teilte die Begeisterung des Wiener Publikums, verwandelte mich in eine von ihnen. Den Champagner hatte ich zusätzlich.

Fast hätte ich mir einen liebevollen Mann gewünscht, der mich in dem Arm geschlossen und schweigend mit mir genossen hätte. Schließlich war ich schön genug herausgeputzt.

„Und wenn der Konzerte gar nicht mag und lieber spazieren gehen würde? Oder an der Bar sitzen? Oder schon schnarchen würde? In den höchsten Tönen?“

Ego meldete sich rechtzeitig, bevor ich ins Abseits geriet. Wie ein Schiedsrichter pfiff es mich zurück. Auf meine Glückswolke.

Da blieb ich sitzen. Bis morgens um zwei. Losgelöst, wunschlos glücklich. Mit vollen Zügen den Höhepunkt dieses Tages, vielleicht dieser Reise auskostend. Auf lauten Applaus verzichtete ich nur, weil ich nicht wusste, wie stabil und schalldicht die Wände des Hotels waren.

Vielleicht war das Ego nebenan heute Nacht ruhebedürftig.

BEREIT SEIN FÜR STARKE GEFÜHLE

Planung ist gut, Neugier ist besser, Offenheit am besten. Besondere Glücksmomente gibt es überall. Manchmal warten sie hinter der nächsten Ecke. Manchmal warten sie vergeblich. Schade! Sie wollen wahrgenommen werden. Sie wollen auch aufbewahrt werden für weniger rosige Stunden. Sie sind haltbar ohne Konservierungsstoffe.

Das Herz zerspringt nicht so leicht vor Freude, es erschlafft eher vor Langeweile und Missmut. Lassen wir es hüpfen!

KATJAS KOMMENTAR

Ich erinnere mich an einen wunderbaren Abend in Indonesien. Der Tag war voller Aktivitäten gewesen, Musik, Kultur, Gespräche mit neuen Bekannten und Alltägliches. Jetzt war die kurze Dämmerung fast vorbei und ich konnte die Seiten meines Tagebuches kaum noch erkennen. Also legte ich es zur Seite und blickte über das – wie kitschig – in der Dunkelheit versinkende Reisfeld. Und plötzlich, als hätte jemand einen Schalter umgelegt, öffnete ich mich ganz weit für dieses wunderbare Land und stellte fest, wie glücklich ich war. Ich blieb noch eine ganze Weile sitzen und ließ die Situation in mich einströmen.

Wenn ich manchmal alleine unterwegs bin und mich einsam fühle, kann ich diesen schönen Moment aus der Schatztruhe meiner Erinnerungen hervorkramen wie einen alten Ring und wieder die laue Luft spüren und den Geruch riechen und auch das Geklapper des Bambuswindspiels auf dem Dach hören. Es ist dann ein Moment, in dem ich zur Ruhe kommen kann.

Und während ich dies hier schreibe, beginne ich zu träumen, und das Klappern des Windspiels kehrt zurück.

16. KAPITEL:
VON ABSCHIED UND HEIMKEHR

AM LETZTEN TAG MEINES Urlaubs fühlte ich mich immer wie verurteilt. Vertrieben aus dem Paradies wie weiland Eva (nur ohne Adam).

Schon am Morgen plagte mich der Gedanke an das fällige Trinkgeld für den Ober, den Kofferträger, den Masseur, das Zimmermädchen. Die Trinkgeld heischende Truppe nahm vor meinen verängstigten Augen die Stärke einer Fußballmannschaft (inklusive Trainer und Ersatzspielern) an.

Ich stellte mir vor, wie die Empfänger mir vor der hämischen Gästeschar des Hotels die Scheine vor die Füße schleuderten oder wie sie errötend das Geld zurückgaben, da sie die Summe höchstens einem arabischen Scheich, aber nicht einer allein reisenden Frauen zutrauten.

In dieser Situation sehnte ich mich manchmal nach einem Partner, der mich beraten würde. Fast bereute ich den Entschluss zum Alleinreisen. Aber es half nichts, jetzt Schlappmachen brachte auch nichts. Also rechnete ich stundenlang herum, dividierte, addierte, subtrahierte, multiplizierte. Bremste kurz vor der Bruchrechnung, da mir einfiel, dass ich ja heute noch Urlaub hatte und meine Laune ganz hervorragend war – ja, auch das entfällt einem ab und zu mangels Selbstkontrolle. Also verschob ich die ganze Angelegenheit auf den nächsten Tag – den Tag der Abreise. Wenn ich den rechten Fuß schon in der Tür hatte, verpufften eventuelle negative Reaktionen in der Luft.

Mit diesen tröstlichen Gedanken wandte ich mich dem Abschiedsprogramm zu. Zunächst besuchte ich immer die von mir abgesteckten und bewanderten Reviere und entließ sie mit einem intensiven Abschiedsblick aus meinem Besitz.

Doch schon an meinem Badeplatz erwartete mich fast jedes Mal die erste Enttäuschung. Ich gehörte nicht mehr dorthin. Die anderen waren anders. Sie durften noch bleiben. Nicht nur das, sie hatten meine Lieblingsstelle bereits besetzt. Leichenfledderei! Passierte fast jedes Mal. Und dennoch genoss ich das kühle Wasser, noch einmal und immer wieder.

Das Gefühl der feuchten Kühle wollte ich mitnehmen in den grauen Herbst der alltäglichen Routine. Oft zeichnete ich am letzten Vormittag noch einmal alle Eindrücke in mir auf – ohne Fotoapparat, ohne Recorder, einfach so. Augen zu, Gerät läuft.

Am Nachmittag fiel mir einmal ein, dass ich mir noch eine kleine interessante Stadt für den letzten Tag aufbewahrt hatte. Bisher war ich immer nur durchgefahren, wollte noch nicht anhalten, wollte hier den krönenden Abschluss suchen.

Doch an jenem letzten Tag damals – und das erlebe ich fast jedes Mal in der einen oder anderen Form, in fast jedem Land, zu jeder Jahreszeit, mit oder ohne Begleitung – wollte nichts gelingen. Die Stadt war gar nicht so schön, das verlockende Schloss auf dem Hügel nicht zugänglich. Meist waren die Straßen auch noch aufgerissen oder das Zentrum für einen Demonstrationszug gesperrt. Nichts war so, wie es in den letzten Tagen war.

So schlossen sich die Tore der Seligkeit langsam, aber unerbittlich. Das letzte Abendessen, die „Henkersmahlzeit“, schoss es mir durch den Kopf. Wieder diese Verurteilung. Dem Delinquenten steht im richtigen Leben etwas extra Feines zu. Dieses Recht nahm ich immer in Anspruch. Ein besonderes Dessert zum Beispiel oder ein besonderes Glas. Der nächste Schritt: Ich stieß mit mir auf eine gelungene Heimreise an.

Meine Sachen waren schnell gepackt. Gierig hatte mein Köfferchen alles verschluckt. Zimmer 321 sah jetzt wieder aus wie Zimmer Nummer 321, nicht mehr wie meines. Am letzten Abend war ich träge, keine Aktivität am Abend, keine Pläne. Genug von allem, auch vom Genuss. Auf der Terrasse sitzen, den Himmel – mit Mond oder ohne – betrachten, den fernen und nahen Geräuschen lauschen …

Lange nichts von Ego gehört, dachte ich. Wieder einmal versteckt, wenn es melancholisch ist. Wieder einmal dünn und verschrumpelt, wenn man es brauchte.

„Hallo, ich brauche dich", rief ich fordernd. „Ich will schließlich mit dir zusammen nach Hause fahren. Du bist der einzige Zeuge einer wundervollen, ungebundenen Zeit, einer wirklich freien Zeit, nicht nur Freizeit. Lass mich nicht im Stich!"

Nicht geschrumpft und nicht dünn, sondern rosig, rund und vergnügt kletterte Ego aus seinem Versteck.

„Bravo", rief es, „da capo! Oder vielmehr Zugabe, das klingt moderner. Zu-ga-be … Zu-ga-be …"

„Ja, komm her, bleib bei mir und schrumpfe mir im Alltag ja nicht wieder ein. Von jetzt an tust du das, was ich dir sage. Du wirst stark, rosig und fröhlich mit mir sein."

„O.k.", Ego hüpfte auf und ab, „ich bin o.k., du bist o.k., ich ernenne dich zur Königin der Egophilen."

Nach einigen Schleudermanövern bekam ich allmählich die Kurve. Langsam freute ich mich auf mein Zuhause, auf die Freunde, auf die Arbeit.

Ich sank aufseufzend in das mir schon ein bisschen fremd gewordene Bett. Das Zimmer war nur mehr Ausgangspunkt für die Rückreise.

Am nächsten Morgen stand schon der turmhohe Wäschewagen vor der Tür. Endgültig aus der Traum. Die Gäste im Frühstückszimmer, Menschen, die noch bleiben durften, erschienen mir wie hinter einer Glaswand, Menschen in einer anderen Welt. Noch einmal grüßte ich sie, freundlich, aber abwesend.

Die Trinkgeldfrage löste sich von allein. Ich verteilte nach

Gutdünken. Keiner fluchte, keiner grinste unverschämt. Als ich das Auto vom Parkplatz holte, war ich innerlich schon einige Kilometer weit voraus.

Ein gut gepflegtes Ego reiste mit mir in den letzten Tag hinein. Diesen Tag gestaltete ich mir festlich. Die vertrauten Nachbarorte rund um mein Feriendomizil durchquerte ich voller Freude in Erinnerung an schöne Tage. Die weniger vertrauten, noch nicht besuchten Landschaften, die neu für mich waren, betrachtete ich voller Neugier.

Wie auf der Hinfahrt rastete ich ausgiebig, wollte Zeit gewinnen, die Rückkehr hinauszögern. Auch dieses Mal wieder kleine Umwege, keine Abwege mehr.

Grenzen gibt es nicht mehr, ich fühlte sie dennoch. Irgendwo hakte sich das Seil wieder ein, das auf der Hinreise „flupp" gemachte hatte. Von diesem Punkt an zog es mich heim wie ein Pferd in den Stall.

Die weniger vertrauten Straßen, die vertrauten – da stand mein Wohnhaus. Mein Zuhause. Jedes Mal freute ich mich, dass es einfach so da stand, dass es zum Beispiel nicht abgebrannt oder einfach verschwunden war wie in bösen Träumen.

In der Garage bekam mein Auto einen anerkennenden Klaps. Brav gemacht.

Mit Koffern, Tüten und Taschen beladen lief ich dann die Treppen hinauf zu meiner Wohnung, schloss auf und ließ mich mit einem seligen „Huch" in den nächsten Sessel fallen.

KATJAS KOMMENTAR

Die Wehmut des letzten Tages und die Abschiedstour zu all den vertrauten und inzwischen geliebten Stationen des Urlaubsortes kennt sicherlich jeder. Auch das Lieblingslokal verführt am letzten Abend noch einmal mit seiner Kunst.

Ich bin immer zufrieden, wenn der Koffer die erste Etappe der Abreise geschafft hat. Die „Last des Reisens" ist dann verstaut und zu Hause wird die Euphorie der Rückkehr den Koffer mit leichter Hand die Treppe in die Wohnung hinauftragen. Der letzte Morgen bringt mir wieder Elan zur Heimfahrt – Freude auf Vertrautes und auch auf die kleine „Überraschung", die ich mir vor der Abreise zurechtgelegt habe. Die ersten Gedanken an Dinge, die man zu Hause gerne tut, keimen in mir.

Nur eines droht mir dort. Ich muss meinen Koffer auspacken. Ein Gräuel, wie ich finde. Es gibt Menschen, die zehn Minuten nach der Ankunft ihren Koffer ausgepackt und alles verräumt haben, die Wäsche in den Wäschekorb und alle Kleinigkeiten an den angestammten Platz. Ich gehöre definitiv nicht zu dieser Gruppe.

Der Koffer muss also warten, bis ich mich selber und all meine Bestandteile sortiert und wieder zusammengesetzt habe. Behutsam, ohne zu werfen und zu zwingen – einfach in Ruhe ankommen, das ist mir wichtig. Kein Brief und kein eiliger Anruf über die glückliche Heimkehr soll mich davon abhalten.

Ist es zu Hause nicht schön?

TEIL 3:
EXTRA-TOUREN

SINGLE ON TOUR im Wald, am Strand, im Restaurant und im Hotel. Davon habe ich aus ganz persönlicher Sicht berichtet. Bei wechselnder Kulisse hat es sich immer wieder so oder ähnlich abgespielt.

Anders verlief das, was ich hier als „Extra-Touren" bezeichnen möchte, das Reisen mit einer großen Gruppe, in der ich als Einzelperson unterzugehen drohte, und ein Kurzaufenthalt in Stille und Einsamkeit mit der Gefahr des Untergehens in den eigenen Gefühlen. Dieses letzte Kapitel nenne ich etwas übertrieben „Härtetest". Dabei ist mir durchaus bewusst, dass es ganz andere Stress-Situationen gibt – einsame Inseln, Hochgebirge, ewiges Eis, Wüstenlandschaften, Krisengebiete.

Dieses Buch handelt jedoch nicht von Expeditionen, von Abenteuerreisen mutiger Frauen, die die Sehnsucht nach der Ferne umhertreibt. Es handelt vielmehr von Beobachtungen und Erfahrungen, die jeder einzeln reisende Single selbst nachvollziehen kann. Ein ganz anderes Thema also.

17. KAPITEL:
NESTGEFÜHL IN DER GRUPPE?

EINMAL NICHT SELBST organisieren müssen, einmal behütet sein in einer Gruppe, das war mein Wunsch, als ich mich zu einer Studienreise in den Süden entschloss. Thema: „Italienische Renaissance."

Dazu reizte mich auch die Neugier. Wäre ich fähig, mich inmitten einer Schar von Menschen, die ich vorher nicht kannte und die ich wahrscheinlich nachher auch nicht mehr kennen würde, nicht nur wohl, sondern pudelwohl zu fühlen?

Entwickelt man in einer Gruppe vielleicht sogar Nestgefühle? Natürlich wusste ich, dass einige Alleinreisende diese Art des Urlaubs nicht nur schätzen, sondern als die einzig mögliche betrachten. Nach einigen Jahren des Herumziehens auf einsamen Wegen wollte ich einmal ausprobieren, wie ich mich in der Gruppe fühlte. Würde ich mich anpassen, würde ich abseits stehen, würde ich mich ärgern?

Ein paar Tage vor dem Start traf ich mit meinen Söhnen im bayerischen Oberland auf eine jener Busreisegruppen, zu denen ich in ein paar Tagen auch gehören würde.

„Am Samstag siehst du auch aus wie die", feixte mein Sohn.

Mir wurde flau. Graue oder vielmehr beigefarbene Mäuse wuselten um den geparkten Bus herum. Wie das schnatterte und schob und drängelte! Der Reiseleiter versuchte mit rudernden

Armbewegungen etwas Ordnung in das Chaos zu bringen. Er schwamm im Mäusemeer, drohte ab und zu unterzugehen, doch allmählich tröpfelte die träge Masse in das Innere des Fahrzeugs.

„Wir sind doch nicht beigefarben! Was hast du uns da nur aufgehalst", seufzte Ego leise.

Es hatte Recht, ich hatte nur die Renaissance und Italien im Kopf gehabt. An Mäuse, welcher Farbe auch immer, hatte ich nicht gedacht.

Musste das überhaupt sein? Einfach zu Hause bleiben? Ohne Renaissance? Ohne Italien? Aber auch Geld weg ? Urlaub weg?

Mir war klar, dass ich da durch musste. Heutzutage muss man immer irgendwo durch. Also warum nicht durch eine Gruppe. Schulterschluss mit Ego. Es niemals aus den Augen verlieren. Eine sicherlich interessante Erfahrung. Nimm es einfach so. Als Übung.

Im Innersten hoffte ich natürlich, dass Renaissance-Mäuse nicht ganz so beige waren. Vielleicht ein bisschen bunt – Cinquecento eben.

Mit solcherart gemischten Gefühlen fand ich mich am Samstag lange vor der Zeit am beschriebenen Sammelpunkt ein. Der Traum von der Nacht zuvor ließ mich nicht los. Ein Haus kam darin vor. Viele Zimmer, keine Türen und Fenster. Mein Haus, in das ich nichts und niemanden einlassen wollte. Vor allem keine Mäuse.

Fängt gut an, dachte ich und hielt ängstlich Ausschau nach potenziellen Reisegefährten. Wenn einem schon in der Nacht solche Warnzeichen geschickt werden …

Die erste Maus riss mich aus meinen Gedankenspielen. Natürlich war sie beigegrau, trug auch einen beigefarbenen Hut und zog ein graues Köfferchen hinter sich her. Sie äugte links, äugte rechts, erkannte mich nicht als ihresgleichen. Sie blieb direkt unter dem Schild mit dem Reiseziel stehen.

Ich blieb in Deckung. Fluchtweg noch offen.

„Um Egos willen, soll ich einfach nach Hause gehen?"

„Kneifen gilt nicht gleich beim ersten Passagier, das schaffen wir schon. Es kommen ja noch andere."

Jetzt betrat ein Herr den Schauplatz. Er war nicht beige, aber sehr scheu. Unsicher blickte er um sich und parkte sich weit entfernt von dem Schild ein. Eine Zeitung diente ihm als Sichtschutz. Bleierne Stille.

Dann wurde es plötzlich laut. Der Mäusestrom war nicht mehr aufzuhalten. Von rechts und links, von vorn und hinten wuselte es beigegrau daher. Man grüßte und küsste, lachte und umarmte sich.

„Sieht aus wie der Verein von vor drei Tagen", brummte ich in mich hinein. Ich hielt mich weiterhin bedeckt. Wie angenehm, noch eine Fluchtmöglichkeit zu haben.

Es folgte ein Großauftritt: der nächste Herr. Auch er nicht beigegrau, sondern gewählt salopp als Tourist verkleidet. Gleich drei Kameras baumelten vor seinem Bauch. Er winkte jovial. Die Mäusedamen stießen spitze Schreie des Entzückens aus. Der Herr „Baron" war da, verteilte Handküsse und ließ sich ausgiebig feiern.

Ich flüsterte vor mich hin: „Das halte ich nicht aus. Da will ich nicht durch. Ich kann doch ganz gut alleine."

„Denk an die Renaissance und an Italien und an die Sonne. Ich halte zu dir und schrumpfe auch ganz sicher nicht ein. Ehrenwort! Wir werden die Show genießen."

Der Reiseleiter, ein mageres Studentlein, betrat gefolgt von einer mütterlichen Matrone, die Bühne. Ein paar Mäuse machten sich gleich lieb Kind bei der Matrone. Es ging zu wie in einem Pensionat höherer Töchter. Nein, die Matrone tätschelte keine Wangen, aber die Atmosphäre roch danach. Offensichtlich war die Dame für die „Mädels" verantwortlich. Die beiden Herren umringten das Bürschchen. Können zwei Männer überhaupt einen Ring bilden?

Ich stand noch immer herum und genoss die letzten Minuten meiner Freiheit und des Alleinseins. Für den Augenblick war ich froh, keiner Freundin, keinem Freund Rechenschaft über die

Qualität der Mäuse ablegen oder mich gar entschuldigen zu müssen.

Jetzt war es Zeit für den Aufbruch. Die Menge schwappte auf den Bus zu. Es wurde geschubst und gedrängelt wie vor drei Tagen. Es war gerade so, als müssten einige im Bus stehen. Ich dachte unwillkürlich an das von mir verhasste, grässliche Kinderspiel von der Reise nach Jerusalem, bei dem immer ein Platz zu wenig vorhanden ist, bis am Ende der Geschickteste oder Robusteste den letzten Stuhl allein besetzt und gewinnt.

Nur der Baron ließ sich Zeit. Für ihn waren insgesamt vier Plätze an beigegrauer Seite reserviert. Drei Mäuse waren enttäuscht, eine vierte triumphierte.

Der Fahrer startete den Motor. Ein Ehepaar trat auf, Hand in Hand ängstlich aneinander geklammert. Obwohl die beiden schön beigegrau gekleidet waren, wirkten sie angesichts der Single-Flut deplatziert. Die beiden spürten das. Sie ließen sich nicht aus den Augen.

Der Auftritt veränderte die jetzt endlich eingetretene Ordnung. Natürlich hatten die beiden ein Recht auf zwei Sitzplätze nebeneinander. Der Baron nützte sofort die Gelegenheit, den Platz und damit die Nachbarin zu wechseln. Die Verlassene konnte dem triumphierenden Blick der neuen Herzensdame nur schwer standhalten. Dem Ehepaar nützte die Tragödie jedoch nicht.

Also stand ich auf und setzte mich tollkühn neben den Schüchternen, der sich nach einem gehauchten Gruß wieder hinter seiner Zeitung verschanzte.

Eine erste provisorische Hackordnung war hergestellt. Der Fahrer konnte das Bus-Ungetüm in Bewegung setzen.

Dies gleich vorweg: Auf keiner meiner Alleinreisen habe ich mich so gottverlassen allein gefühlt wie bei diesem Gruppenunternehmen. Hatte ich wirklich so etwas wie Nestwärme erwartet?

„Selber schuld“, murmelte Ego.

„Stimmt“, gab ich zu und versuchte, mich auf Italien und die Renaissance im weitesten Sinne zu konzentrieren. Renaissance … Wiedergeburt … Noch einmal zur Welt kommen … Neu geboren werden … Gut und schön, aber nicht in so einem Haufen.

Der Herr neben mir hatte die Zeitung sicherlich ein Dutzend mal durchgelesen. Vielleicht kannte er schon ein paar Artikel auswendig, als wir in Verona hielten.

Er bedankte sich bei mir für die angenehme Gesellschaft. Beim Essen war der Platz neben ihm wieder frei. Jetzt schwiegen wir bereits komplizenhaft. Wahrscheinlich waren wir ähnlich. Mir gefiel die stumme Nachbarschaft.

Aus den faltigen Mäusegesichtern ringsherum profilierten sich allmählich lebendige, unterschiedliche Gesichter. Hier Güte, dort blanke Bosheit, hier Klugheit, dort Ignoranz. Ich hörte Namen, Karrieren, Bruchstücke aus Biografien. Italien war weiter entfernt als die Milchstraße.

Nach dem Essen trieb es mich in die Stadt. Es war nicht einfach, Begleitanträge abzuwimmeln. Doch ich wollte in Italien sein. Es interessierte mich nicht, von Ostasien, der Türkei, Amerika und anderen erfolgreich bereisten Ländern zu hören. Ich wollte hier in Italien sein und nirgendwo anders. Das war in einer Gruppe fast nicht möglich.

Ich genoss den einsamen Spaziergang durch die Stadt. Die Rüge der Matrone war mir gleichgültig. Sie meinte, dass man als Frau nirgendwo abends allein spazieren ginge, schon gar nicht in Italien. Ich machte sie auf meine Volljährigkeit aufmerksam. Dabei hatte ich mich auch abgemeldet, doch sie hatte wohl nicht geglaubt, dass ich mich tatsächlich von der Truppe entfernte.

Die folgenden Tage vergingen im Gleichmaß eines vollgestopften Plans. Die Mäuse ließen sich weder durch die Renaissance noch durch Italien sonderlich beeindrucken. Man hatte ja schon ganz andere, das heißt fernere Länder gesehen. Tatsächlich erlebt? Ich zweifelte.

Ab und zu wurde ein Gebäude, ein Altar, ein Bild mit „Oohh“ oder „Aahh“ bedacht. Die Urlaubsrituale gewannen jedoch immer wieder die Oberhand.

„Was machen wir jetzt?" – „Wann treffen wir uns?" – „Wann gibt es endlich was zu essen?" – „Wo schlafen wir heute Nacht?" – „Frau B. bekommt immer das schönste Zimmer."

Die Damenschar an den Fersen des galanten Barons wechselte, schwoll an, schrumpfte wieder zusammen. Der Baron schien das kaum zu bemerken. Er korrigierte ständig den armen jungen Kunsthistoriker, der brav das Programm abspulte, für das er bezahlt wurde. Seine Begeisterung hielt sich in Grenzen. Vielleicht zeigte er sie auch nicht.

Die Matrone sorgte sich, schleppte vergessene Handtaschen, Koffer, Hütchen und Reiseführer nach. Auch sie ließ Italien mit seiner Renaissance relativ kalt, wenn nur die Mäuse gut untergebracht und ausreichend verpflegt wurden.

Ich vereinsamte total. Ich sprach mit jedem, hörte mir unendliche Lebensgeschichten an, schloss auch Bekanntschaften und erhaschte sogar ab und zu einen Abglanz des Landes, in dem wir reisten.

Innerlich lachte und wütete ich abwechselnd. Äußerlich benahm ich mich pflegeleicht und gesittet.

Nur der Schüchterne erwies sich als belesener, kluger Mensch, der genau wie ich immer wieder auf „Abwege" geriet, um das Land, unser aller Reiseziel, näher zu erkunden. Am Abend entwickelten sich zwischen ihm und mir die spärlichen Dialoge zweier einsamer Menschen inmitten einer stets präsenten Meute.

Ein Nest? Nein, das kann eine Gruppe nicht sein. Jedenfalls war es sie nicht für mich. Einige von uns hatten in den wenigen Tagen ihre Identität nahezu vollkommen verloren. Sie motzten, wollten nur noch essen und trinken, auf die Toilette, den nächsten Programmpunkt abhaken. Die Starken hatten eine Art Club gegründet und bestimmten Tempo und Tagesablauf.

Wo war nur Italien? Optisch wäre es auszumachen gewesen. Doch es verschwand hinter einem Schleier von endlosem Geschwätz, von permanenter Organisation, die um so straffer sein musste, je mehr sich Teile der Gruppe ins Netz fallen ließen.

Um Egos willen, das schon am zweiten Tag abzugleiten

drohte, blassgrün und winzig in den Seilen hing, behielt ich meine einigermaßen gute Laune. Ich nickte nach links und rechts, lächelte automatisch und beendete die Reise innerlich für mich allein. Äußerlich entfernte ich mich immer wieder von der Truppe, suchte meinen Platz am Rande der bedeutenden Sehenswürdigkeiten und genoss die etwas kleineren.

Am Ende der Reise hatte ich mich eingerichtet, einige Menschen kennen gelernt und einiges über die Spezies Mensch dazugelernt. Dabei kam ich Menschen näher, die zuerst wie Mäuse aussahen. Ich habe Menschen gemieden, die Mäuse blieben. Der Schüchterne war genau so allein gereist wie ich. Das Ehepaar hatte die Reise Hand in Hand überstanden.

Als wir zu Hause aus dem Bus stiegen, wandte sich eine der Beigegrauen vertrauensvoll an die Matrone: „Und wo wohne ich hier?"

Mit einer Mäusegruppe habe ich es nie wieder versucht. Ganz anders war es, wenn ich mich für ein Thema interessierte und daher für ein paar Tage oder länger mit einer Gruppe zusammentraf. An einem Ort miteinander Sprachen zu lernen, zu kochen, interessante Themen jeglicher Art zu bearbeiten, fiel mir leichter.

Vor ein paar Tagen fiel mir ein besonderes Angebot in die Hände: Nackt reiten in der Toskana – sicherlich ein spannendes Programm. Ob man dabei eine Art von Nestgefühl entwickelt?

VOM KUSCHELN IN DER GRUPPE

Manchmal war man zu viel und zu oft allein, dann treibt es einen nicht so sehr zu weiteren einsamen Unternehmungen. Eine Gruppe fühlt sich zunächst vielleicht wärmer an als die kühle Einsamkeit zu Hause. Doch Vorsicht! Urlaubsglück wird nicht von anderen Menschen geliefert. Auch in einer Gruppe bleibt man selbst dafür verantwortlich.

Gleich Freunde zu finden, ist eher unwahrscheinlich. Vielleicht passiert es, vielleicht auch nicht. Wer hat Schuld? Keiner. Gelassenheit ist angesagt.

Sich als Einzelner einer Gruppe anzuschließen halte ich für einfacher als mit Freund oder Freundin dazuzukommen. Freund oder Freundin finden vielleicht andere Menschen interessant/unmöglich/liebenswert/nett als man selbst.

Humor ist der beste Reisebegleiter. Humor schützt. Entweder man lacht mit den anderen oder in sich hinein.

Reiseleiter sind keine Kindergärtner. Am besten ist es, sich so selbstständig zu verhalten, als reiste man allein. Dass der Reiseleiter für seine Tätigkeit bezahlt wird, macht ihn dennoch nicht zum Sklaven.

Ein Stückchen Intimsphäre um sich aufzubauen, einen leichten Zaun, keine Mauer, macht das Leben und die Reise leichter, unbeschwerter.

Auch in der Gruppe ist jeder Einzelne seines Glückes Schmied!

KATJAS KOMMENTAR

Gruppenreisen mit Unbekannten sind meiner Ansicht nach ein Vabanquespiel. Bei dieser Form der Reise ist alles offen – man kann sich die Menschen, mit denen man reist, nicht aussuchen. Noch extremer ist sicherlich die Sorte Bustour, wo man mit den Mitreisenden in kleinen Kojen im Anhänger schläft. Entweder beschert einem das Glück interessante Mitreisende, oder es bleibt einem nichts anderes übrig, als die genaue Beobachtung der Gruppendynamik, der nonverbalen Kommunikation, der Machtspielchen, der zwischenmenschlichen Siege und Niederlagen in ständig wechselnden Konstellationen zum eigentlichen Ziel der Reise zu machen.

Wenn „Vorgesetzte" mit dabei sind, wie zum Beispiel bei universitären Veranstaltungen oder Betriebsausflügen, erhält so eine Reise noch eine zusätzliche Dimension.

Ich halte mich von Busreisen, die länger als einen Tag dauern, fern. Zu selten habe ich Urlaub und zu gerne genieße ich alleine die Umgebung, die Luft etc.

Überlegen Sie es sich also gut, in welcher Konstellation Sie eine Gruppenreise unternehmen und ob Sie sich überhaupt darauf einlassen wollen. Wenn Sie absehen können, dass Sie nach zwei Tagen ohne Alleinsein und Ruhe nur noch Fluchtgedanken hegen, dann rate ich dringend davon ab.

18. KAPITEL:
DER HÄRTETEST

EHRENWORT, ICH WOLLTE IHN NICHT, den Härtetest. Die so genannten hohen Festtage zwischen Advent und Neujahr, vielleicht noch bis Karneval, und diverse Familiengeburtstage sind mir alljährlich Härtetest genug.

Ausschlafen wollte ich ganz einfach nach dem in meinen Augen völlig sinnlosen Trubel. Ein paar Zentimeter oder Pfunde von den Hüften abladen, durch verschneite Wälder stapfen … einfach so.

Ein ruhiges, komfortables Hotel mit Pool und Kosmetik, Massage und Streicheleinheiten, ohne Animation und quälendem Discolärm erschien mir gerade recht. Zu still? Eine kleine Stadt in Österreich, nicht allzu weit weg, wäre auch nicht übel. Ein bisschen Kino, ein abendliches Konzert, warum nicht?

Inzwischen hatte ich schon Routine im Alleinreisen. Der Koffer schwoll dennoch bedrohlich an, denn es war Winter und ich wollte weder frieren noch alt und arm aussehen, wollte in die Sauna, in den Pool, in die nahe Stadt – kurz, der Schrank wurde leer, der Kofferraum voll.

Gutes Wetter, gute Fahrt, ruf mal an, pass gut auf dich auf … Der Sohn steckte mir noch zwei Pikkolo für trübe Anwandlungen in die Tasche.

Ego hing schon vor der Abreise ziemlich schief herum. Ich

musste ihm gut zureden: „Das Ganze wird uns unheimlich gut tun. Schließlich fahre ich nur deinetwegen. Gerade im dunklen, kalten Winter ist Egopflege ganz wichtig, mehr noch als der blöde Frühjahrsputz in der Wohnung. Ich finde, du siehst momentan aus wie ein gerupfter Weihnachtsengel nach einem Rekordflug."

„O.k., ich lasse mich pflegen und du passt dabei sehr gut auf mich auf. Wenn es so früh dunkel wird, kann ich verdammt unangenehm werden."

Trotz der Miesmacherei dieses Sauertopfs ließ ich gelassen den Motor an und fuhr los. Im Hotelprospekt war die Route nicht gerade deutlich beschrieben. Also konzentrierte ich mich jetzt mehr auf das Draußen und verschob die Pflege meines Inneren auf später.

Radio an, CD rein. Vor Dunkelheit wollte ich angekommen sein. Leise flehte ich dem Vogel Freiheit zu, er möge fliegen und mich nicht im Stich lassen. Die Musik brachte mich ins Lot. Fast hätte ich wieder Heldengesänge angestimmt, doch der graue Januartag trieb die Töne in die Kehle zurück.

Da war schon die Autobahnausfahrt. Ein Stück Landstraße, dann das Hinweisschild auf mein Hotel. Es ging rechts ab. Eine enge Bergstraße, leicht vereist, wand sich hoch und höher. Der Teufel soll's holen, nach all der Engelszeit! Was habe ich da nur gebucht und obendrein auch noch bezahlt?

Vor jeder Kehre dachte ich „endlich" und danach „wieder nichts". Noch ein Wald. Noch eine Raureif-Wiese. Tiefe Einsamkeit.

Ego hatte sich irgendwo verkrümelt. Sein Zustand war mindestens jämmerlich, wenn man einmal auf stärkere Ausdrücke verzichten wollte. Als einzige Maßnahme der Ersten Hilfe fiel mir nur ein Fluch ein, den ich zum letzten Mal während meiner so genannten Backfischzeit gebraucht hatte, um mich gegen Petticoats, Nylonstrümpfe und niedliches Benehmen zur Wehr zu setzen. Das erleichterte ungemein.

Die Frage, wen oder was ich oben antreffen würde, stellte ich mir schon gar nicht mehr. Ich würde mich über nichts und niemanden ärgern, Hauptsache oben sein.

Endlich sah ich das große Hotel. Es hing wie ein Raumschiff unter dem bleigrauen Himmel. Das hätte in gleicher Form genau so gut unten stehen können.

Noch eine kleine Rutschpartie, und schon stand ich auf dem spiegelglatten Parkplatz. Das Tal mit all den schönen Kinos, den Konzerten und Museen war gar nicht mehr zu sehen. Vorsichtig schlitterte ich mit meinem Riesengepäck auf das Hotel zu.

Mit dem Koffer und dem Kopf voran stolperte ich in die Halle. Endlich Boden unter den Füßen! Drinnen war es behaglich, warm und kuschelig. Wenn nur die Eiswüste draußen nicht wäre!

Mein Zimmer gefiel mir wie üblich zunächst ganz und gar nicht. Mit ein paar Handgriffen schaffte ich es dann, das Chaos herzustellen, in dem ich mich während der nächsten sieben Tage einigermaßen heimisch fühlen konnte. Das Radio dudelte vor sich hin. Ich versuchte anzukommen. Draußen heulte der Sturm. Eine Polarexpedition hatte ich eigentlich nicht vorgehabt.

Das Abendessen wurde in Grüppchen eingenommen. An meinem Tisch saßen zwei Fischhändlerinnen aus Norddeutschland und zwei einzelne Damen, die gequält an trockenen Semmeln herumkauten. Ihre Diät! Mein Abendessen verschlangen sie gierig mit den Augen. Ich entriss ihnen die Augenweide mit gutem Appetit.

Am Tisch wurde viel über Fisch geredet. Die Semmeldamen grunzten missmutig. Dann enteilten sie zu ihren Fernsehverpflichtungen, den wichtigen Formaten, von denen man nicht eines versäumen durfte. Sonst? Ich wusste es nicht.

Ich selbst wollte wieder einmal die Umgebung erkunden, doch es gab nichts zu erkunden, außer Finsternis, Glatteis und starkem Gefälle. So „wohnte" ich in meinem Zimmer. Ego schnurrte wie ein fetter Kater, und im Radio lief ein schönes Konzert.

Am zweiten Tag schien die Sonne. Unser Raumschiff schwebte jetzt über den Wolken. Es gab überhaupt kein Unten mehr. Ich schwebte zehn Zentimeter über dem Boden zum Frühstück. Jetzt hieß es, Zeit vergeuden – richtig verplempern. Leichte Angst vor dem Gespenst Langeweile, das die Semmeldamen schon fest im Griff hatte. Die Fischhändlerinnen unterhielten sich über die aktuelle Situation auf dem Heringsmarkt.

Am Empfang hörte ich, dass der Gemüselieferant sein Auto gerade von einem Baum in Kehre vier kratzen musste. Mir fiel ein, dass ich keine Taschentücher eingepackt hatte! Nur ruhig, Ego, wir schnäuzen uns eben am Nachmittag, wenn die Straße wieder zu befahren ist.

Um nun endlich etwas für die Erholung zu tun, beschloss ich einen Spaziergang zu machen. Es ging nur steil auf- oder abwärts. Ich genehmigte mir einen Happen von jeder Sorte Weg. Ein Glück, dass wenigstens die Terrasse vollkommen waagerecht verlief, gerade recht für ein Bad in Sonne und Literatur.

Schweigen! Welch eine Wohltat nach all den Festtagswünschen der letzten Zeit. Alles erledigt für ein ganzes Jahr.

Die vergessenen Taschentücher trieben mich dann doch noch ins Tal. Der Gemüsemann hatte sein Auto inzwischen entfernt.

Unten empfing mich ein feuchter Januartag. Die Stadt mit den Kinos, die erträumte Lichterstadt, zeigte sich grau bis grausig. Die Menschen hatten rote Nasen, an denen kleine Eiszapfen hingen. Taschentücher waren leicht zu bekommen, offensichtlich bestand Bedarf.

Mit dem Päckchen in der Tasche flüchtete ich zum Parkplatz und fuhr los, bevor das Glatteis wieder einsetzte. Der Weg erschien mir heute nur halb so lang wie gestern. Ich entwickelte warme Heimatgefühle für mein Raumschiff, das mir zum Empfang Massage und eine angenehme kosmetische Behandlung bot.

Am Abend waren die Fischhändlerinnen bei der weltweiten Gewässerverschmutzung angelangt. Die Semmeldamen kauten immer noch missmutig. Ihre Blicke schnitten mein Fleisch an diesem Abend in messerrückendünne Scheibchen. Bevor sie alles verschlangen, hatte ich genüsslich gespeist.

Gottlob hatte ich keine TV-Format-Verpflichtungen. Ich konnte so die weite Hotelhalle genießen und mit den Fischhändlerinnen langsam von Seefisch auf Gespräche über den Fische verspeisenden Menschen einschwenken. Nachdenken wollte ich lieber nicht. Vor allem nicht über das Tal und seine Annehmlichkeiten.

Am dritten Tag gab es kein Draußen mehr. Nicht einmal die Terrasse war zu sehen. Das Raumschiff hatte abgehoben. Kein Berg, kein Tal ... Heute hatte die Masseuse bei Kehre vier aufgegeben und war lieber unten geblieben.

Nach einem unendlich langen Frühstück – der Zeitungsbote hatte die Kehre geschafft! – blieb ich im Bett und hüllte mich ganz und gar in die winterliche Watte ein. Buch und Bett und Radio – und sonst nichts. Letzteres war für mich ein neues Erlebnis, da ich schon seit Jahren zu Hause nicht mehr Radio gehört hatte. So lauschte ich mich intertessiert durch den Landfunk, den Hausfrauenfunk, den Schulfunk sowie zehn Nachrichten- und Magazinsendungen inklusive dramatischem, da auf Glatteis bezogenem Verkehrsfunk.

Ein kurzer Blick auf Ego ließ mich extremes Wohlbefinden bei rosiger Farbe feststellen.

Die Semmeldamen waren an diesem Abend schon ganz dünn, hohläugig und verbittert. Die Langeweile knabberte mehr an ihnen als die Diät. Heute schien es jedoch eine Pflicht-, ja Zwangssendung im TV zu geben. Jedenfalls verabschiedeten sie sich noch kauend.

Die Fischhändlerinnen waren vom Menschen als Fischesser abgekommen und beim Menschen an sich angekommen. Im Hintergrund machte sich eine Seminargruppe bemerkbar, deren Aufgabe in Kommunikationsübungen bestand. Die Teilnehmer wechselten von Tisch zu Tisch wie von Bäumchen zu Bäumchen. Nach zwei Stunden hatten wir gebührenfrei einiges über Zwischenmenschliches aufgeschnappt. Kommunikation bedeutete in diesem Zusammenhang offensichtlich, dass man so lautstark miteinander redet, eigentlich brüllt, dass kein anderer im Raum mehr Lust an derselben verspürt.

Schließlich nahm mich mein Zimmer nach so viel hochtrabender Menschlichkeit wie eine Mutter in die Arme. Ich stellte fest, dass ich langsam wie ein Wal atmete. Wo blieb eigentlich die Langeweile?

Am vierten Tag hatte der Himmel ein Einsehen und riss wieder einmal die Vorhänge auf. Offensichtlich musste auch oben wieder einmal durchgelüftet werden. Mein Frühstück endete erst nach zwei Stunden. Die vom Seminar hatten viel geträumt und setzten die Ergebnisse der nächtlichen Aktivität kommunikativ um. Ein gebührenfreies Traumseminar für mich.

Die Masseuse hatte heute alle Kurven der Bergstraße bewältigt und beschäftigte sich mit den meinen. Der Versuch eines Spaziergangs scheiterte daran, dass ich mich zwar für aufwärts entschieden hatte, jedoch im Rückwärtsgang das Gegenteil erreichte.

Es blieben mir das dritte Buch, der Liegestuhl auf der Terrasse, das Bett, das Radio, das Essen. Semmelkauerinnen wie Fischdamen waren am Abend unabkömmlich. Eine Riesenhalle, ein winziges Achterl Wein und die Begegnung mit den herben Schicksalen der Prominenten dieser Welt in zahllosen zerlesenen Erzeugnissen der knallbunten Presse ließen den Abend wie im Flug vergehen. Das Seminar hatte Ausgang, also gab es auch unterrichtsfrei für mich.

Endlich, am fünften Tag, wurde es erwartungsgemäß in mir dunkel. Irgendwie hatte ich auf den anthrazitgrauen Tag gewartet, meinte schon, irgend etwas sei nicht in Ordnung mit mir. In dieser Einöde gab es kein Netz. Also mutig hinein in die düstere Stimmung. Draußen waberte der Nebel, aus dem Gewaber heraus schneite es auch noch. Meine schüchterne Frage nach einem Schneeräumgerät wurde an der Rezeption mit einem gleichgültigen Achselzucken beantwortet.

Leb wohl, du schöne Welt, lebt wohl ihr Freunde, ihr Söhne,

ihr Menschen, die ich liebe. Der Zeitungsbote, die Masseuse und der Gemüselieferant hatten heute schon vor Kehre eins aufgegeben. Wir lebten in einem Watteschloss.

Das Frühstück schmeckte nicht, nur die Horizontale bot eine gewisse Sicherheit. Bett – Pool – Bett – Buch – Spielkarten – Radio. Ein Spaziergang ums Haus, zehnmal, immer in engem Körperkontakt mit dem schützende Gebäude. Telefongespräche mit zu Hause stellten unwirkliche Kontakte her. Nie wieder? Vielleicht erst im Frühjahr.

Die Semmeldamen erschienen nicht zum Abendessen, auch den Fischhändlerinnen hatte es den Appetit verschlagen. Es herrschte wattiges Schweigen. Plötzlich – ein Wunder! Von der Bar gegenüber ertönte Musik in Superlautstärke.

Mit den beiden Norddeutschen watete ich durch dicke Schneemassen hinüber. Das Seminar feierte! Siebzehn Männer und vier Frauen hatten die Kommunikation begriffen und übten sie jetzt in hitzigen Tänzen. Vier Männer und vier Frauen schwitzten redlich auf dem Parkett. Wir Fremdlinge störten. Es musste wohl sehr schwierig sein, nach so hartem Kommunikationstraining guten Abend zu sagen. Uns drei Frauen blieb nichts anderes übrig, als uns im stillen Eckchen in die Flasche fallen zu lassen. So erhielten wenigstens die Fischprobleme eine reale, das heißt feuchte Basis. Auf dieser Grundlage löste sich dann der graue Tag ganz von allein auf.

Der sechste Tag erlebte mich gestärkt, zwar verkatert, aber nicht mehr ängstlich! Mit dicken Stiefeln wanderte ich hinauf und hinab, ließ das Raumschiff sogar erstmals aus den Augen. Die Masseuse, der Zeitungsbote und der Gemüselieferant hatten mit einem Jeep die Auffahrt geschafft. Die Verbindung zur Erde war wieder hergestellt.

Mich überkam die Sucht nach Kommunikation, ich telefonierte, schaltete das Radio ein, später sogar den Fernsehapparat. Plötzlich wollte ich wieder wissen, wie es „unten" aussah. Dort ging es offensichtlich ganz normal zu. Keiner hatte von unserem Raumschiff Notiz genommen. Das Schweigen war zur Gewohnheit geworden, das vierte Buch ging seinem Ende zu. Der Gang zum Pool erschien mir unendlich lang. Der Tag flog vorüber.

Am Abend zogen sich die Fischhändlerinnen früh zurück. Heute lief „ihre“ Serie. Dafür war eine von den Semmeldamen zu neuem Leben erwacht. Ich fasste mir ein Herz und fragte sie, ob sie heute Abend mit mir reden wollte. Sie war ganz glücklich über meine Ansprache, denn sie hatte schon seit Tagen darauf gewartet. Sie erwies sich als durchaus liebenswerte Dame aus Hessen, die sich hier von den Schweinebraten der heimischen Gastwirtschaft erholte. Ein Pluspunkt für Ego, das mich zu der „Anmache“ ermutigt hatte.

Das Seminar machte sich dank seiner frisch erworbenen Kenntnisse mit Küsschen-Küsschen und viel Geschrei aus dem Staub.

Der siebente Tag löste mich aus dem Raumschiff heraus. Es war der letzte. Schon betrachtete ich alles mit Abschied nehmendem, feuchtem Hundeblick. Von zu Hause wurde mir eine Einladung durchgesagt. In zwei Stunden hätte ich dort sein können. Sollte ich sofort aufbrechen? Nein, das alles hier war mir plötzlich doch ans Herz gewachsen. Also beschloss ich, den letzten Tag noch hier oben zu erleben. Es war eigentlich doch schön! Reine Natur, wenn auch der Jahreszeit gemäß grau. Was sollte mir die Party?

Nach dem Frühstück, zu dem ich drei Zeitungen konsumierte, machte ich meine erste lange Wanderung mit der Semmelesserin vom Vorabend. Als es dunkel wurde, schwamm ich, trimmte mich im Fitnessraum, nahm ein Dampfbad, bräunte mich im Solarium, badete, duschte, wusch mir die Haare, machte mich hübsch zum Essen, genoss das Mahl.

Die Semmeldamen wünschten guten Appetit. Keine ging zum TV. Wir verbrachten alle zusammen den Abend in der Halle, die Semmelesserinnen bei warmer Brühe, die Fischhändlerinnen und ich bei kühlem Sekt. Es kam heitere Stimmung auf. Der letzte Tag – ein kurzer Tag.

Am Morgen des achten Tages regnete es zum ersten Mal in

Strömen. Das Eis der letzten Tage wurde einfach fortgespült. Quietschvergnügt packte ich meine Spiel- und alle anderen Siebensachen ein, frühstückte ein letztes Mal mit den Damen. Es herrschte Aufbruchsstimmung. Herzlicher Abschied, jedoch keine einengenden Kontakte.

Ego platzte vor Stolz, der Vogel Freiheit, der hier oben eher eine bescheidene Rolle gespielt hatte, zwitscherte auf dem Weg ins Tal, zu den Städten, zu den Kinos, zu den Freunden, zu den Söhnen …

WIE ICH EINSAMKEIT LIEBEN LERNTE

Zum Mönch in jahrelanger Meditation und Einsamkeit im Gebirge eigne ich mich nicht, das weiß ich. Von Gesellschaft abhängig sein möchte ich auch nicht. Also habe ich mich ab und zu in milder Einsamkeit geübt. Dabei ging es immer um Urlaub und nicht um Selbsterfahrung in ausgedehntem Ausmaß.

Es ist eine schöne Erfahrung, wenn man es nicht gleich übertreibt. Tage zählen ist keine schöne Erfahrung, also ist es besser, wenn man am Ende „schade“ sagt.

In einem ausgeprägt depressiven Zustand, nach einem Verlust oder aus Not sollte man sich keine komplizierten Urlaubsziele wie einsame Inseln, abgelegene Bauernhöfe oder Berghütten aussuchen. Hat man es dennoch geschafft, einmal gut mit sich selbst auszukommen, winkt als schönster Lohn die Unabhängigkeit, die einen eher geselliger als einsamer macht.

KATJAS KOMMENTAR

Sich selbst zu genügen ist eine Kunst, die zu beherrschen einem manchmal hilft. Mir gelingt es ab und zu, meist aber nicht dann, wenn ich es brauche. Dann sitze ich nicht mit lächelndem Gesicht beim Essen im Lokal und genieße, sondern beobachte eher sauertöpfisch meine Umgebung.

Wenn die Umstände einen auf sich selber fokussieren, dann sollte man sich möglichst nur kurz ärgern und schnell zum Genießen zurückkehren. Ich spreche vom aktiven Genießen.

Das gilt nicht nur für Urlaube, sondern auch für den Alltag. Wenn Freunde oder Freundinnen kurzfristig den gemeinsamen Abend abgesagt haben, die Theateraufführung wegen Krankheit ausfällt etc., dann heißt es, nach Alternativen zu suchen. Was flüstert Ego zu? Wohin will es getragen werden?

Ins Kino, in eine Ausstellung, zum Tanzen?

Der Abend kann gerettet werden, aber nur, wenn man die Umstände als Chance begreift und auch nutzt.

Sie haben die Wahl, die Freiheit eines Urlaubs auch in den Alltag zu übertragen.

NACHSPIEL:
VOM AUSPACKEN

AUS DEM WEIT GEÖFFNETEN Koffermaul strömten Urlaubsdüfte. Allerhand Kräuter hatte ich mitgebracht, das Badezeug roch nach Tang und Meer, und Schwaden von Käsegeruch kämpften mit einigem Erfolg gegen das herbfrische Sonnenschutzmittel aus meinen Sommerkleidern.

„Na, dann pack mal aus“, sagte Klaus-Carl gönnerhaft, „wie war es denn so?“

Diese Frage kann ich nicht leiden. Ich habe den Stereotyp schon bei meiner Mutter ertragen müssen, wenn sie mich nach jedem Schulbesuch damit behelligte.

„Schön“, antwortete ich wie damals. Die Frage bezog sich zwar auf ziemlich unterschiedliche Erlebnisse, doch in beiden Fällen genügte die einsilbige Antwort, da nicht mehr erwartet wurde, im Gegenteil.

„Wetter?“ fragte Klaus-Carl.

„Auch schön.“ Gemessen am Interesse des Fragers war das wiederum eine absolut ausreichende Antwort.

„Glück gehabt. Leute kennen gelernt?“

Vorsicht, Klaus-Carl, bald stehen wir am Ende deines Fragenkatalogs. Und was sollen wir dann noch reden?

„Hm“, antwortete ich schmunzelnd.

„Nett?“

„Ganz nett.“

Jetzt wusste Klaus-Carl tatsächlich nicht weiter. Irritiert blickte er sich um. Ich mochte nicht weiter auspacken. Bereute fast, ihn angerufen zu haben.

Die Wohnung hatte mich mit dem muffigen Geruch vernachlässigter Räume und Pflanzen empfangen. Mich freuten die Willkommensgrüße der Söhne auf dem Schreibtisch. Die Post, bestehend aus Urlaubsgrüßen, Rechnungen und Werbung, ließ mich kalt. Den mit längst überholten Botschaften überfütterten Anrufbeantworter hatte ich mit einem Knopfdruck auf 0 gestellt. Die ebenso zahlreichen E-Mails samt Viren mussten noch auf ihren Untergang warten.

Meine telefonischen Rückkehrmeldungen waren ungehört verhallt. Keiner war da, kein Empfangskomitee stand bereit.

Eigentlich hätte ich mein Alleinsein ruhig noch etwas fortsetzen können. Meine Erfahrungen in dieser Beziehung waren ja nicht so übel gewesen, ich fühlte mich topfit. Doch schließlich war mir Klaus-Carl mit seinen Bemerkungen vor dem Urlaub eingefallen. Ihn hatte ich dann auch erreicht, und jetzt saß er da und fütterte meinen Masochismus mit erwartungsgemäß hilflosen, öden Fragen.

„Dann war es wenigstens nicht langweilig“, meinte er abschließend, wobei er unruhig auf seinem Stuhl hin und her rutschte. Meine Einsilbigkeit irritierte ihn.

„Nein, eigentlich war mir nie langweilig, und erholt habe ich mich ausgezeichnet. Lass mich bitte erst mal ankommen, vielleicht erzähle ich demnächst einmal mehr.“

Plötzlich leuchtete seine Miene hell auf.

„Komm doch heute Abend mit auf die Party von Fritz und Marianne. Ein bisschen Gesellschaft wird dir gut tun. Du musst jetzt dringend aufgetaut werden. In einer Stunde dort, o.k.?“

Ja, Klaus-Carl, ich war vielleicht ein bisschen ruhiger geworden, doch die Sprache war mir deshalb nicht ganz verloren gegangen. Ich brauchte nur ein bisschen Zeit. Bei Fritz und Marianne trafen sich immer lustige Leute, die ganz sicher auch nett sind, aber was bedeutet schon nett und freundlich in einer Gesellschaft, in der es den Menschen im Großen und Ganzen ordentlich geht?

Egal, ich freute mich, dass der erste Abend verplant war. Mancher fängt ja leicht an zu spinnen, wenn er zu viel allein war. Das wollte ich nicht.

Pünktlich eine Stunde später fand ich mich im Garten der netten Leute ein. Nette Gäste – fast alle in Weiß, die Gesichter im Dunkel, der Garten spärlich beleuchtet. Gesichter waren auch nicht notwendig, die weiße Kleidung genügte vollauf als Ausdruck einer sorglosen Menge mit Gläsern in der Hand. Wer sieht dem anderen schon ins Gesicht?

Ich sah keinen der Gastgeber. Hatte ich die Adresse verwechselt? Ich sagte hier und da guten Abend, zerstreut nickte man zurück. Es war ganz gleichgültig, ob man jemanden kannte. Wenn es denn zufällig der Fall war, nickte man etwas herzlicher. Bekannte grüßten sogar schon mal mit „Guten Abend, wie geht's?". Der Einfachheit halber wurde keine Antwort erwartet. Mit gefiel das, denn ich war an diesem ersten Abend maulfaul.

Die Gastgeber waren offenbar ins Bett oder ins Theater gegangen, hatten ein Fest gezündet wie eine Lunte. Jetzt wurden sie nicht mehr gebraucht, solange genügend Speisen und Getränke herumstanden und jeder den Weg zur Toilette fand.

Ich irrte zwischen den Festgästen umher, die ab und zu anscheinend grundlos in wieherndes Gelächter ausbrachen. Wahrscheinlich wollten sie damit nur ihre makellosen, hervorragend gepflegten Zähne zur Schau stellen oder zwischen Häppchen und Schlückchen eine Verschnaufpause einlegen.

Jetzt fühlte ich mich wirklich einsam.

Da winkte Klaus-Carl aus einer Gruppe zu mir herüber. „Hallo, endlich bist du da. Ich habe den anderen schon alles über deine tolle Reise erzählt."

Jetzt wunderte ich mich über nichts mehr.

„Wie schön", murmelte ich höflich und nickte der Gruppe zu.

„Und Sie haben – wo war das noch? – so tolle Leute kennen

gelernt? Na, so ein Glück! So ganz alleine losfahren und dann noch solche Leute … Könnt ihr euch das vorstellen?"

Verlegenes Gemurmel.

„Jeden Abend ausgehen und dann noch so erholt aussehen", meinte eine weiß gewandete Blondine neidisch. „Schatzi", sie wendete sich an einen graumelierten Herrn im obligaten weißen Anzug, „lass mich doch auch mal allein losfahren. Natürlich auf deine Rechnung." Sie kicherte siegesgewiss.

Der Graumelierte hörte nicht zu. Er war gerade in ein Gespräch über neue Software, Viren und Würmer verstrickt.

„Aber ich habe doch gar nicht …", versuchte ich einzuwenden.

„Nur keine falsche Bescheidenheit, stellen Sie Ihr Licht nicht unter den Scheffel. Eine ganz Mutige sind Sie, jawoll."

„Im Gegenteil", flüsterte ich.

„Was hat sie denn gemacht?", fragte ein Neuankömmling gelangweilt.

„Ist allein weggefahren, hat tolle Leute kennen gelernt, war jeden Tag beim Surfen, beim Tanzen und …"

Mich trafen fragende Blicke.

„Ja, ja", sagte ich müde, „es war einfach toll."

„Mein Gott", kreischte die neue Dame, „hätten Sie doch vorher etwas gesagt. Ich fliege nächste Woche mit meinem Mann nach Mallorca. Da hätten wir Sie doch glatt mitnehmen können. Wissen Sie, sogar zu Weihnachten laden wir immer irgendeinen armen Single aus dem Büro ein. Mein Mann meint, wir sollten mal eine Flüchtlingsfamilie …"

„Hallo, was ist denn?"

Ich war schon an der Gartenpforte. Fritz und Marianne waren immer noch nicht zu sehen. So konnte ich mich nicht einmal bedanken.

„Endlich bist du abgehauen", flüsterte Ego, schneeweiß und krümelig. „Wofür wolltest du dich eigentlich bedanken?"

„Och, für das Öffnen des Gartentürchens, für die zwei Gläser Sekt, die ich für meinen Obolus von einer ganzen Flasche Sekt trinken konnte. Ach ja, auch für das schwärzlich angebrannte Kotelett – mit Kartoffelsalat. Na ja, außerdem habe ich mal wieder gespürt, wie sich Einsamkeit wirklich anfühlt."

SELBSTGESPRÄCH ZU HAUSE

„WARUM BIN ICH ÜBERHAUPT VERREIST? Warum habe ich mich all den Unbequemlichkeiten und Ängsten einer Reise ausgesetzt? Warum habe ich mich zu meinem Vergnügen mit dem wenigen begnügt, das in meinem Koffer steckte? Wozu all der Stress mit fremden Betten, fremden Zimmern, fremden Sprachen und fremden Menschen?“

„Wahrscheinlich wollte ich auf andere Gedanken kommen.“

„Auf andere als meine?“

„Stimmt, andere kann ich ja gar nicht produzieren. Nur wenn ich ein Buch lese, kann ich Gedanken von anderen vielleicht nachvollziehen. Lesen kann man aber auch genau so gut zu Hause.“

„Dann war das Ganze also sinnlos?“

„Nicht ganz. Vielleicht wollte ich meinen Gedanken mal freien Lauf lassen ...“

„Kann ich das zu Hause nicht?“

„Komisch, nein. Immer bin ich verfügbar, einsatzbereit. Ich führe ungefähr das, was man später auf meiner Todesanzeige als erfülltes Leben bezeichnen kann.“

„Habe ich denn etwa mein Leben ausgeleert wie einen stinkenden Putzkübel, frisches Wasser eingefüllt und ein neues begonnen?“

„Das mit dem neuen Leben ist eigentlich Quatsch. Schließlich hat man nur eines, und an dem strickt man eben immer weiter. Aufrebbeln und neue Maschen anschlagen gilt nicht. Wenn man Glück hat, kann man am Ende die Maschen noch in Ruhe abketten ..."

„Was hat denn das nun wieder mit dem Reisen zu tun?"

„Ich meine, Reisen heißt vielleicht weiterleben unter neuen Aspekten. Nicht weiterwursteln mit der grauen Wolle, sondern ein paar Farbtupfer einfügen. Die Schönheit der Natur ... Jeden Tag Natur erleben, dafür kann man doch allerhand auf sich nehmen."

„Nütze ich die Natur auch richtig? Das Meer, die Seen als Badewannen mit Strandblick, den Sand als Baumaterial, die Wiesen als Blumenlieferanten für schnell welkende Sträuße, die Berge zum Hochklettern und im Winter zum Hinunterrutschen, den Wind als Booteschieber, die Sonne als Ofen mit Bräunungseffekt?"

„Klar habe ich wie alle die Natur genutzt. Doch wehe, wenn es blitzt und donnert, stürmt und regnet. Dann muss die Natur draußen bleiben wie ein böses, ungebärdiges Kind, während ich mich selbst im Haus verkrieche."

„Wie ein ängstliches Kind. Fern von zu Hause, von der Familie, den Freunden. Gewogen und zu leicht befunden."

„Zu leicht und zu klein. Hat Reisen vielleicht etwas mit Maß nehmen zu tun? Seine Wertvorstellungen überprüfen, Sorgen und Kummer, Liebe und Freude neu vermessen?"

„Ich glaube, auch das ist es, was mich immer wieder in die Ferne treibt, sei es auch noch so unbequem, aufwändig und manchmal auch stressig. Gestärkt bin ich allemal zurückgekehrt. Das Auf und Ab, mal obenauf, mal nahe am Untergehen ..."

„Wenn ich daran denke, fällt mir immer die Geschichte mit dem Bernhardiner ein. Der Riesenhund saß mitten im Gebirge vor einer geschlossenen Almhütte. Er bellte, und ich brüllte ... Vor Angst natürlich. Der Bernhardiner blieb sitzen. Vielleicht sollte ich auch hier ab und zu die Stimme erheben? Wenn ich nicht allein gewesen wäre, hätte ich die Lösung des Problems dem oder den anderen überlassen und wäre nur zitternd weitergegangen."

„Bravo! Und jetzt bin ich wieder daheim, angefüllt mit Bildern von Sonnenschein und Regen, von Blumen und Bäumen, von fremden Menschen und einer Reihe von bestandenen Abenteuern. Wie schön, wieder daheim zu sein. Ein neues Leben gibt es nicht, doch die Kräfte sind runderneuert. Keine rosarote Brille, doch eine neue, die mir gut steht und meinen Blick geschärft hat."

„Und wann geht es wieder auf die Walz?"

„Wenn ich merke, dass ich mit grauer Wolle stricke."

„Ich danke mir für das Selbstgespräch."